Andrea Schwarz

Auf ein Wort

ANDREA SCHWARZ

Auf ein Wort –
Biblische Pausen
für den Alltag

Für die Texte der Einheitsübersetzung der Heiligen Schrift
© 1980 Katholische Bibelanstalt, Stuttgart

Gesamtgestaltung:
Weiß-Freiburg GmbH – Graphik & Buchgestaltung
Umschlagmotiv: © Judigrafie / photocase.com
Muschelgrafik (Innenteil und Umschlagrückseite):
© aliaksei_7799 / Fotolia
Herstellung: Finidr s.r.o., Český Těšín
Printed in the Czech Republic

www.bibelwerk-impuls.de
ISBN 978-3-460-27185-2

Inhalt

Ganz oder gar nicht

Mitten im Leben

Einladung

Lieber Leser, liebe Leserin,
der Einband dieses Buches zeigt einen Strandkorb –
und was hat ein Strandkorb mit der Bibel zu tun? Das
ist eine interessante Frage – die sich natürlich auf-
drängt, wenn man sich den Umschlag des Buches
anschaut und den Inhalt.
Lassen Sie uns mal beim Strandkorb anfangen.
Der steht für Urlaub und Strand und Meer. Für eine
begrenzte Zeit ist er ein wenig »Zuhause«, da gehört
man hin. Er schützt vor dem Wind, man kann sich in
ihn zurückziehen. Manche »vergraben« sich mit einer
Decke und einem guten Buch in ihm. Andere legen
sich bequem zurück und lassen sich die Sonne auf den
Bauch scheinen. Manchmal werden große Sandbur-
gen um ihn herum gebaut, Fahnen und Wimpel flat-
tern im Wind, ein knallroter Eimer und eine kleine
Sandschaufel liegen da. Dann wieder, abends, wenn
die Urlauber in ihre Quartiere zurückgekehrt sind,
sitzt da ein zweisames Liebespaar – oder eine Möwe
hat ihn zum Ausguck erwählt. Und ein Strandkorb hat
Gewicht, den wirft so schnell nichts um – aber er ist
auch schwer zu bewegen.
Die Bibel – das ist Gottes Wort in Menschenwort.
Gott will die Lebendigkeit des Menschen. Sein Wort
steht für Befreiung, Erlösung, Aufatmen, Zufrieden-

heit, Gelassenheit. Und vielfältig geht es in der Bibel zu – da wird gesungen, geliebt, gestritten. Menschen brechen auf und gehen los. Kranke werden geheilt, Tote leben wieder. Da gibt es uralte Geschichten von der Entstehung der Welt – und brandaktuelle Empfehlungen und Ratschläge, wie man Leben gestalten kann. Auch die biblischen Texte haben Gewicht – und deshalb tut man sich manchmal schwer mit ihnen. Aber biblische Worte, Texte und Geschichten wollen »Strandkorb« mitten im Alltag sein. Sie laden dazu ein, sich ein wenig zu bergen, Ruhe zu finden, sich in einem guten Sinn »einhüllen« zu lassen von dem, was trägt, hält, Schutz gibt. Und aus diesem Gehaltensein wieder aufzubrechen zu neuen Lebensabenteuern!

Um diesen Reichtum der biblischen Texte für das eigene Leben zu erschließen, kann es helfen, in kleinen Schritten vorzugehen – »auf ein Wort« sozusagen. Und manchmal können deutende Worte oder ein ungewöhnlicher Zugang dabei helfen, die Botschaft des Textes für sich zu entdecken, die großen Hundert-Euro-Scheine des Glaubens und der Bibel in die Münzen, das Kleingeld des Alltags, umzuwechseln. Dazu wollen die Impulse in diesem Buch helfen – eine Textstelle, dazu ein paar Gedanken, herausfordernd, manchmal provozierend, gelegentlich erklärend, dann wieder frech und scheinbar gegensätzlich.

Sie wollen dabei helfen, biblische Texte als »Strandkorb« für den Alltag zu entdecken. Und dann wäre es das größte Kompliment für dieses Buch, wenn Sie es tatsächlich in Ihren nächsten Urlaub mitnehmen würden – und den einen oder anderen Text im Strandkorb, auf der Berghütte, am Swimming-Pool, auf dem Liegestuhl lesen würden. Oder wenn dieses Buch in Ihrer Küche liegen würde – und Sie würden einen Text zur zweiten Tasse Kaffee lesen. Oder am späten Vormittag in der Reha-Klinik, wenn alle Anwendungen vorbei sind ...

Ob das gelungen ist? Das entscheiden Sie. Aber einen Versuch ist es wert, finde ich. Für mich – und vielleicht auch für Sie?

Ich wünsche Ihnen viele gute »Strandkorb-Momente« – mit der Bibel!

Andrea Schwarz

Wenn Gott kommt...
Advent und Weihnachten

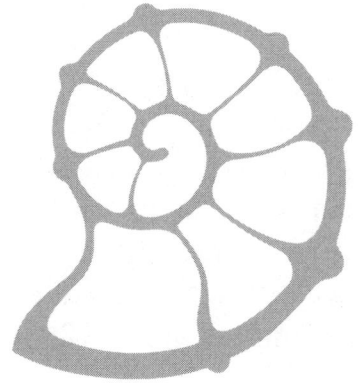

ACHTUNG! SCHLECHTE WEGSTRECKE!

Anfang des Evangeliums von Jesus Christus, dem Sohn Gottes: Es begann, wie es bei dem Propheten Jesaja steht: Ich sende meinen Boten vor dir her; er soll den Weg für dich bahnen. Eine Stimme ruft in der Wüste: Bereitet dem Herrn den Weg! Ebnet ihm die Straßen! So trat Johannes der Täufer in der Wüste auf und verkündigte Umkehr und Taufe zur Vergebung der Sünden. Ganz Judäa und alle Einwohner Jerusalems zogen zu ihm hinaus; sie bekannten ihre Sünden und ließen sich im Jordan von ihm taufen. Johannes trug ein Gewand aus Kamelhaaren und einen ledernen Gürtel um seine Hüften und er lebte von Heuschrecken und wildem Honig. Er verkündete: Nach mir kommt einer, der ist stärker als ich; ich bin es nicht wert, mich zu bücken, um ihm die Schuhe aufzuschnüren. Ich habe euch nur mit Wasser getauft, er aber wird euch mit dem Heiligen Geist taufen.

Markus 1,1–8

»Achtung! Schlechte Wegstrecke!« – Immer häufiger findet man dieses Zusatzschild an unseren Straßen – und in der Regel tut man gut daran, dann mit der Geschwindigkeit beim Fahren herunterzugehen: Schlaglöcher, Unebenheiten, fehlende Markierungen verlangen Konzentration und Aufmerksamkeit.

Auch der Weg auf Weihnachten hin ist nicht die modern ausgebaute, sechsspurige Autobahn, wie es einem manche Werbung weismachen will, sondern durchaus mit Hindernissen, Kurven, Steigungen und Gefällen gespickt. Zwischen uns und dem Kind in der Krippe stehen Dutzende von fröhlichen Weihnachtsmännern, lange Geschenke- und Einkaufslisten und der Kampf um den freien Parkplatz beim Einkaufszentrum, die einen durchaus vom Weg abbringen können. Der Kalender ist mehr als gut gefüllt mit Weihnachtsfeiern und besinnlichen Nachmittagen. Unsere Innenstädte und Vorgärten sind so hell erleuchtet, dass kein Stern eine Chance hat, uns den Weg zu weisen. Die Gefahr ist groß, sich auf dem Weg nach Weihnachten zu verlaufen und ganz woanders anzukommen.

Bereitet dem Herrn den Weg! – die Mahnung Johannes' des Täufers ist uralt und hochaktuell. Macht den Weg frei für Weihnachten, wie es wirklich ist! In der Dunkelheit erstrahlt ein Licht, in der Stille ertönt eine leise Melodie, in einem Stall wird ein Kind geboren, Gott wird Mensch.

Vielleicht könnte es schon helfen, mit der Geschwindigkeit herunterzugehen – und den Weg achtsam in den Blick zu nehmen.

DIE BOTSCHAFT DER LAMAS

Wie es in den Tagen des Noach war, so wird es bei der Ankunft des Menschensohnes sein. Wie die Menschen in den Tagen vor der Flut aßen und tranken und heirateten, bis zu dem Tag, an dem Noach in die Arche ging, und nichts ahnten, bis die Flut hereinbrach und alle wegraffte, so wird es auch bei der Ankunft des Menschensohnes sein. Dann wird von zwei Männern, die auf dem Feld arbeiten, einer mitgenommen und einer zurückgelassen. Und von zwei Frauen, die mit derselben Mühle mahlen, wird eine mitgenommen und eine zurückgelassen. Seid also wachsam! Denn ihr wisst nicht, an welchem Tag euer Herr kommt. Bedenkt: Wenn der Herr des Hauses wüsste, zu welcher Stunde in der Nacht der Dieb kommt, würde er wach bleiben und nicht zulassen, dass man in sein Haus einbricht. Darum haltet auch ihr euch bereit! Denn der Menschensohn kommt zu einer Stunde, in der ihr es nicht erwartet.

Matthäus 24,37–44

In der Nähe von dem kleinen Dorf, wo ich vor einigen Jahren wohnte, gab es eine eingezäunte Wiese mit drei Lamas. Natürlich war das eine kleine Attraktion – und so mancher Sonntagsspaziergang hatte die Lamas »zum Ziel«.

Und so stand auch ein Freund von mir eines Tages sinnierend vor einem dieser Lamas, nur durch den Zaun getrennt, und meinte nachdenklich: »Weißt du, was ein Lama von einer Kuh unterscheidet?«

Ich sah ihn etwas verblüfft an. Darüber hatte ich noch nie nachgedacht. Da fuhr er aber auch schon fort: »Die gucken noch so wach! Eine Kuh guckt eher gutmütig-schläfrig …«

Ich ließ seine Antwort kurz auf mich wirken – und musste ihm recht geben. Lamas sind noch eher Wildtiere, und ihr Überleben hängt davon ab, dass sie mitkriegen, was um sie herum passiert, um dann blitzschnell reagieren zu können. Kühe werden sicher schon seit Jahrhunderten bewusst daraufhin gezüchtet, dass sie sich geduldig melken lassen und ganz zufrieden sind, solange sie genug zum Fressen haben.

Seit diesem Tag wurden die Lamas zu einem spirituellen Impuls für mich. Bin ich noch wach, kriege ich noch mit, was um mich herum passiert? Und kann ich entsprechend darauf reagieren? Oder habe ich mich gemütlich eingerichtet, meine Träume und Sehnsüchte gezähmt, mich meiner Umgebung und den Erwartungen angepasst?

Das ist Advent: Die Einladung, neu wach zu werden – damit wir die eigentliche Botschaft von Weihnachten nicht verschlafen …

Ihr seid Gottes Bau.

Der Gnade Gottes entsprechend, die mir geschenkt wurde, habe ich wie ein guter Baumeister den Grund gelegt; ein anderer baut darauf weiter. Aber jeder soll darauf achten, wie er weiterbaut. Denn einen anderen Grund kann niemand legen als den, der gelegt ist: Jesus Christus.

Wisst ihr nicht, dass ihr Gottes Tempel seid und der Geist Gottes in euch wohnt? Wer den Tempel Gottes verdirbt, den wird Gott verderben. Denn Gottes Tempel ist heilig, und der seid ihr.

Aus 1 Korinther 3

Die Zusage gilt: Gott kommt.

Zu mir.

Er hat sich sozusagen selbst eingeladen. Und ich bin mir noch nicht einmal sicher, ob ich wirklich darum gebeten habe.

Gott kommt. Zu mir. Nein, ich muss nicht erst groß aufräumen und das Bad putzen. Und auch die Papierstapel in meinem Arbeitszimmer dürfen so bleiben, wie sie sind. Ich glaube, das interessiert Gott gar nicht so arg. Er meint mich, mich ganz persönlich. Nicht irgendeine Fassade, nicht irgendein Bild, nicht irgendeine Rolle.

Gott kommt. Zu mir. So wie ich bin. Er kommt in meinen Stall. Er macht sich klein, um in meine Welt hineinzupassen. Er gibt sich in Brot und Wein, um wirklich in mir zu sein. Für ihn bin ich so wertvoll und wichtig, dass er all seine Größe aufgibt, um mit mir zu sein.

Und in dem Moment, wo er in meinen Stall einzieht, macht er mich zum Tempel. Seine Größe in mir würdigt mich. Sein Glanz strahlt in mir und aus mir heraus. Weil Gott in mir wohnt, werde ich kostbar und wertvoll. Ich bin ein Tempel Gottes. Ich bin wichtig und wertvoll. Gott zieht in einem Stall ein – und macht ihn zu einem Tempel.

Gott macht mich zu seinem Tempel.

Und was mache ich daraus?

DA IRRT DIE SONNENUHR!

Im Anfang war das Wort, und das Wort war bei Gott,
und das Wort war Gott. Im Anfang war es bei Gott.
Alles ist durch das Wort geworden und ohne das Wort
wurde nichts, was geworden ist.
In ihm war das Leben, und das Leben war das Licht
der Menschen. Und das Licht leuchtet in der Finsternis, und die Finsternis hat es nicht erfasst.
Das wahre Licht, das jeden Menschen erleuchtet, kam
in die Welt. Er war in der Welt, und die Welt ist durch
ihn geworden, aber die Welt erkannte ihn nicht.
Er kam in sein Eigentum, aber die Seinen nahmen ihn
nicht auf. Allen aber, die ihn aufnahmen, gab er Macht,
Kinder Gottes zu werden, allen, die an seinen Namen
glauben, die nicht aus dem Blut, nicht aus dem Willen
des Fleisches, nicht aus dem Willen des Mannes, sondern aus Gott geboren sind.
Und das Wort ist Fleisch geworden und hat unter uns
gewohnt, und wir haben seine Herrlichkeit gesehen,
die Herrlichkeit des einzigen Sohnes vom Vater, voll
Gnade und Wahrheit.
Aus Johannes 1

Manchmal liest man ihn noch, den alten Spruch:
»Mach es wie die Sonnenuhr: Zähl die heit'ren Stunden nur!« – ob das ein Lebensmotto sein könnte? Was

aber ist dann mit den vielen dunklen Stunden, die die kommenden Monate sicher auch für uns bereithalten, die Stunden voller Einsamkeit und Trauer, voll Angst und Sorge, mit Unglück und Krankheit? Zählt das dann alles nicht?

Zugegeben, solche dunklen Stunden sind keine schönen und angenehmen Stunden, und man neigt dazu, sie so schnell wie möglich zu vergessen oder gar nicht erst an sich herankommen zu lassen. Aber so zu tun, als ob es sie nicht gäbe, nimmt sie ja auch nicht weg.

»Christus hat die Finsternis zu seinem Versteck gemacht« – so stand es in einem Weihnachtsgruß, den ich bekam. Welch schöner und tröstender Gedanke! Mitten in all dem Dunkel meines Lebens ist Christus verborgen – auch wenn ich ihn nicht auf Anhieb finden kann. Weihnachten war und ist eben nicht die Einladung, nur die »heit'ren Stunden« zu zählen, sondern sich auch dem Dunkel zu stellen, in der Gewissheit, Gott ist auch dort, er versteckt sich nur. »Und das Licht leuchtet in der Finsternis, und die Finsternis hat es nicht erfasst.« Mehr noch: Christus selbst hat das dunkelste Dunkel auf sich genommen – mitten im Dunkel ist Gott dabei. Und ich glaube, das ist ein Motto, das wirklich durch ein Leben hindurch tragen kann … Christus hat die Finsternis zu seinem Versteck gemacht.

Johannes verkündete: Nach mir kommt einer, der ist stärker als ich; ich bin es nicht wert, mich zu bücken, um ihm die Schuhe aufzuschnüren. Ich habe euch nur mit Wasser getauft, er aber wird euch mit dem Heiligen Geist taufen.

In jenen Tagen kam Jesus aus Nazaret in Galiläa und ließ sich von Johannes im Jordan taufen. Und als er aus dem Wasser stieg, sah er, dass der Himmel sich öffnete und der Geist wie eine Taube auf ihn herabkam. Und eine Stimme aus dem Himmel sprach: Du bist mein geliebter Sohn, an dir habe ich Gefallen gefunden.

Markus 1,7–11

Wer Kinder hat oder viel mit Menschen umgeht, der kennt das gut: Immer wieder mal will einer etwas ganz Besonderes haben, etwas ganz für sich – Sonderwünsche sozusagen. Ist ja auch irgendwie verständlich: Immerhin sind wir alle Originale und hoffentlich auch entsprechend originell. Wenn es möglich ist, dann erfüllt man so einen besonderen Wunsch gerne – manchmal geht es eben nicht.

Gelegentlich spürt man, da wünscht sich einer mehr, als ihm zusteht – und dann kann es schon auch die harsche Reaktion geben: »Für dich wird auch keine Extrawurst gebraten!« – vielleicht ein bisschen höflicher und freundlicher ausgedrückt

Jesus, der Sohn Gottes, will keine Extrawurst. Er geht zu Johannes, um sich von ihm taufen zu lassen. Und wenn ganz Judäa und alle Einwohner Jerusalems zu diesem neuen Bußprediger hinausziehen, dann war da vermutlich ein ganz schönes Gedränge. Schlange stehen war angesagt. Jesus reiht sich ein. Er macht das, was alle machen. Er tut das, was alle tun. Mehr will er nicht. Er nimmt sich zurück, spielt sich nicht in den Vordergrund. Er erklärt sich solidarisch. Er ist Mensch unter Menschen.

Und erst danach öffnet sich der Himmel für ihn. Erst dann kann Gott zu ihm sagen: »Du bist mein geliebter Sohn, an dir habe ich Gefallen gefunden« – weil er mitten unter den Menschen Mensch wurde.

Wir alle sind Gottes geliebte Töchter und Söhne – aber Gefallen wird er an uns dann finden, wenn wir mitten unter den Menschen Mensch werden.

Wie geht Auferstehung?
Fastenzeit und Osterzeit

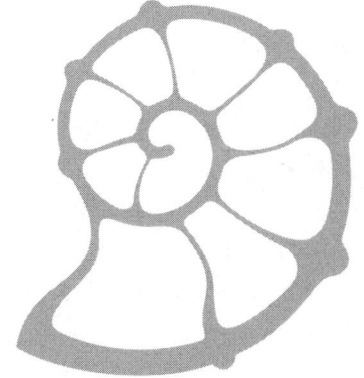

FRÜHJAHRSPUTZ IST ANGESAGT

Das Paschafest der Juden war nahe, und Jesus zog nach Jerusalem hinauf. Im Tempel fand er die Verkäufer von Rindern, Schafen und Tauben und die Geldwechsler, die dort saßen. Er machte eine Geißel aus Stricken und trieb sie alle aus dem Tempel hinaus, dazu die Schafe und Rinder; das Geld der Wechsler schüttete er aus, und ihre Tische stieß er um. Zu den Taubenhändlern sagte er: Schafft das hier weg, macht das Haus meines Vaters nicht zu einer Markthalle! Seine Jünger erinnerten sich an das Wort der Schrift: Der Eifer für dein Haus verzehrt mich.

Johannes 2,13–17

Wenn die Märzsonne durch die Fenster scheint, dann sieht man auf einmal den Staub und den Schmutz, der sich in den langen Wintertagen angesammelt hat. Und fast automatisch greift man zu Schrubber und Staublappen und steckt die Gardinen in die Waschmaschine. Es soll doch alles schön und sauber sein ... und manche investieren Stunden oder gar Tage dafür.

Was aber ist mit dem Frühjahrsputz in mir? Auch da sammelt sich ja immer wieder etwas an, was eigentlich »ausgeräumt« werden müsste, weil es da nicht hingehört. Das können schlechte Gewohnheiten sein, Unachtsamkeit, Lieblosigkeit. Oder ich hab nur noch auf mich und meine Bedürfnisse geschaut und nicht mehr auf die der anderen. Vielleicht habe ich meine Träume und meine Sehnsucht verraten und verkauft, bloß um nicht aufzufallen und anzuecken. Möglicherweise habe ich das Handeln angefangen – geb ich dir, dann gibst du mir! – und habe darüber ganz das Schenken vergessen und verlernt. Eventuell hätte ich etwas Gutes tun können, ein aufmunterndes Wort, ein Anruf – und habe es nicht getan. Oder ich hab mich selbst nicht wichtig und ernst genommen und war nur bemüht, den Erwartungen der anderen gerecht zu werden.

Frühjahrsputz ist angesagt, auch in mir. Denn da gibt es einen heiligen Ort in mir, in dem Gott wohnt.

Ich bin ein Tempel Gottes.

Okay – Gott kommt auch in einem Stall zur Welt, wenn es sein muss. Das ist nicht das Thema.

Aber vielleicht wäre ein wenig aufräumen ja trotzdem nicht schlecht …

Als sie in die Nähe von Jerusalem kamen, nach Betfage und Betanien am Ölberg, schickte er zwei seiner Jünger voraus. Er sagte zu ihnen: Geht in das Dorf, das vor euch liegt; gleich wenn ihr hineinkommt, werdet ihr einen jungen Esel angebunden finden, auf dem noch nie ein Mensch gesessen hat. Bindet ihn los, und bringt ihn her! ... Sie brachten den jungen Esel zu Jesus, legten ihre Kleider auf das Tier, und er setzte sich darauf. Und viele breiteten ihre Kleider auf der Straße aus; andere rissen auf den Feldern Zweige von den Büschen ab und streuten sie auf den Weg.
Die Leute, die vor ihm hergingen und die ihm folgten, riefen: Hosanna! Gesegnet sei er, der kommt im Namen des Herrn! Gesegnet sei das Reich unseres Vaters David, das nun kommt. Hosanna in der Höhe!
Und er zog nach Jerusalem hinein, in den Tempel; nachdem er sich alles angesehen hatte, ging er spät am Abend mit den Zwölf nach Betanien hinaus.
Aus Markus 11

Vor einigen Tagen war ich das erste Mal zu einem Fest bei Bekannten eingeladen. Der Gastgeber drückte mir ein Glas Sekt in die Hand und sagte: »Setzen Sie sich doch!« – aber ich antwortete nur: »Lassen Sie mich noch ein wenig stehen, ich hab den ganzen Tag gesessen!« Das stimmte zwar auch – aber ich wollte mich einfach noch ein wenig umsehen. Was ist das für ein Raum, was erzählt er über die Gastgeber? Welche Bilder hängen an der Wand, welche Bücher stehen im Regal? Ich brauche ein wenig Zeit, um mich in die Atmosphäre eines Raumes hineinzufinden, um dort auch ankommen zu können. Und das geht, zugegeben, im Stehen und ein bisschen Umhergehen leichter, als wenn ich irgendwo in einem Sessel versinke.

»Und Jesus zog nach Jerusalem hinein, in den Tempel; nachdem er sich alles angesehen hatte, ging er spät am Abend mit den Zwölf nach Betanien hinaus.«

Der grandiose Einzug Jesu in Jerusalem, das Hosianna, das ihm viele Menschen entgegen rufen, ist das eine. Jesus aber geht in den Tempel und schaut sich alles an. Das ist das andere. Und ich habe ein Bild vor Augen, wie er durch den Tempel geht, seine Blicke streifen lässt, vielleicht einen Stein berührt, in einer ruhigen Ecke im Gebet Gott sucht. Und er mag um das ahnen, was in den kommenden Tagen auf ihn zukommen wird. Er nimmt es in den Blick. Und er nimmt sich Zeit dafür. Erst spät am Abend kehrt er mit den Zwölf nach Betanien zurück.

Sie kannten diesen Satz aus der Bibel nicht? Kein Wunder – für die Lesung im Gottesdienst ist er nicht vorgesehen.

Aber ich glaube, er ist wichtig.

Als Jesus an die Stelle kam, wo der Weg vom Ölberg hinabführt, begannen alle Jünger freudig und mit lauter Stimme Gott zu loben wegen all der Wundertaten, die sie erlebt hatten. Sie riefen: Gesegnet sei der König, der kommt im Namen des Herrn. Im Himmel Friede und Herrlichkeit in der Höhe! Da riefen ihm einige Pharisäer aus der Menge zu: Meister, bring deine Jünger zum Schweigen! Er erwiderte: Ich sage euch: Wenn sie schweigen, werden die Steine schreien.

Lukas 19,37–40

Es gibt Situationen, in denen verschlägt es einem die Sprache. Man findet einfach keine Worte mehr für das, was man da gerade erlebt – zu furchtbar und entsetzlich ist es, was sich da auftut. Menschen werden ermordet, Kinder werden missbraucht, der Tod durchkreuzt das Leben, es gibt Leid, Schmerz, Tod und Angst. Dann wieder möchte und könnte man was sagen – und da wird einem der Mund verboten. Man darf nichts sagen – weil man damit irgendetwas verraten würde, irgendetwas aufdecken würde, irgendetwas an die Öffentlichkeit bringen würde.

Auch den Jüngern Jesu, die seinen Einzug in Jerusalem bejubeln, wird von offizieller Seite Schweigen geboten. Und wenige Stunden später wird es ihnen die Sprache verschlagen – zu groß ist ihr Entsetzen, als Jesus ans Kreuz geschlagen wird. Schweigen breitet sich aus.

Wenn wir schweigen, werden die Steine reden.

Der Stein, der reden wird, ist der Stein, der vor das Grab Jesu gewälzt wurde. Er, der etwas verschließen sollte, öffnet sich. Er, der versperren sollte, gibt den Weg frei – aus dem Tod zum Leben!

Manche Steine in meinem Leben werden weggerollt, ohne dass ich erklären könnte, wie es geschieht. Manche Türen öffnen sich, und ich weiß nicht, wodurch. Mitten in meine Sprachlosigkeit, in mein Schweigen hinein, ereignet sich etwas. Steine fangen an zu reden.

Vielleicht braucht es meine Sprachlosigkeit, mein Schweigen, damit die Steine reden können? Damit Auferstehung werden kann?

AUFERSTEHUNG – WIE GEHT DAS?

Am ersten Tag der Woche kam Maria von Magdala frühmorgens, als es noch dunkel war, zum Grab und sah, dass der Stein vom Grab weggenommen war. Da lief sie schnell zu Simon Petrus und dem Jünger, den Jesus liebte, und sagte zu ihnen: Man hat den Herrn aus dem Grab weggenommen und wir wissen nicht, wohin man ihn gelegt hat. Da gingen Petrus und der andere Jünger hinaus und kamen zum Grab; sie liefen beide zusammen dorthin, aber weil der andere Jünger schneller war als Petrus, kam er als erster ans Grab. Er beugte sich vor und sah die Leinenbinden liegen, ging aber nicht hinein. Da kam auch Simon Petrus, der ihm gefolgt war, und ging in das Grab hinein. Er sah die Leinenbinden liegen und das Schweißtuch, das auf dem Kopf Jesu gelegen hatte; es lag aber nicht bei den Leinenbinden, sondern zusammengebunden daneben an einer besonderen Stelle. Da ging auch der andere Jünger, der zuerst an das Grab gekommen war, hinein; er sah und glaubte. Denn sie wussten noch nicht aus der Schrift, dass er von den Toten auferstehen musste.
Johannes 20,1–9

Ob es Weihnachten deshalb ein wenig leichter als Ostern haben mag, weil man sich die Geburt eines Kindes eher vorstellen kann als die Auferstehung? Immer wieder kommen Kinder zur Welt – aber wie, bitte schön, geht Auferstehung? Das Osterevangelium nach Johannes erzählt es so: Nach der Nacht dämmert der Morgen, der Stein ist weggewälzt, das Grab ist leer. Und keiner kann genau sagen, was passiert ist. Irgendwie unspektakulär ... keine Blaskapelle, keine Fanfaren, kein Triumphzug, keine johlenden Menschenmengen, kein Kamerateam. Was bleibt, ist das leere Grab, die Leinenbinden, das zusammengebundene Schweißtuch. Er hat sich auf den Weg vom Tod zum Leben gemacht.

Und bei mir? Manchmal kann ich nicht genau sagen, was passiert ist – aber mitten in mein Dunkel hinein dämmert ein Licht, ein neuer Tag bricht an. Die Last, die mir den Weg zum Leben schwer gemacht hat, ist auf einmal weg. Ich kann wieder atmen. All das Tote in mir – nicht mehr da. Ich hab mich auf den Weg vom Tod zum Leben gemacht. Und ich kann vielleicht nicht einmal genau sagen, was passiert ist. Was zurückbleibt, ist ein leeres Gefängnis, eine Fessel, die nicht mehr bindet, ein Tod, der entmachtet ist.

Aber ich bekomme wieder Boden unter die Füße, ich schöpfe neu Hoffnung, ich sehe Licht, ich breche auf, ich stehe auf, um neu loszugehen.

So geht Auferstehung. Und das geschieht meistens vollkommen unspektakulär. Vielleicht nicht gerade jeden Tag – aber doch mitten in meinem Alltag.

Und genau dann werde ich dem Auferstandenen begegnen – er geht mit, auf dem Weg zum Leben.

Maria von Magdala aber stand draußen vor dem Grab und weinte. Während sie weinte, beugte sie sich in die Grabkammer hinein. Da sah sie zwei Engel in weißen Gewändern sitzen, den einen dort, wo der Kopf, den anderen dort, wo die Füße des Leichnams Jesu gelegen hatten. Die Engel sagten zu ihr: Frau, warum weinst du? Sie antwortete ihnen: Man hat meinen Herrn weggenommen und ich weiß nicht, wohin man ihn gelegt hat. Als sie das gesagt hatte, wandte sie sich um und sah Jesus dastehen, wusste aber nicht, dass es Jesus war. Jesus sagte zu ihr: Frau, warum weinst du? Wen suchst du? Sie meinte, es sei der Gärtner, und sagte zu ihm: Herr, wenn du ihn weggebracht hast, sag mir, wohin du ihn gelegt hast. Dann will ich ihn holen. Jesus sagte zu ihr: Maria! Da wandte sie sich ihm zu und sagte auf Hebräisch zu ihm: Rabbuni!, das heißt: Meister.

Johannes 20,11–16

Eigentlich ist es ja schon verblüffend: Viele Ostergeschichten erzählen davon, dass Jesus, der auferstandene Christus, von seinen Freunden erst mal gar nicht erkannt wird. Maria von Magdala hält ihn für den Gärtner, für die Emmaus-Jünger ist er ein Fremder, für die Jünger, die mit Petrus am See Tiberias fischen, ein Unbekannter.

Auferstehung scheint nicht nach Auferstehung auszusehen. Jesus muss sich zu erkennen geben, durch das Wort, das er spricht, das Brot, das er teilt, die Wunden, die ihn ausweisen. Dann erst gehen den anderen Augen und Ohren und Herz auf – und sie können erkennen, was ihnen vorher verborgen war. »Mitten unter euch steht der, den ihr nicht kennt!« (Johannes 1,26b) – so sagt es Johannes der Täufer noch bevor er Jesus am Jordan tauft – und das gilt auch für den Auferstandenen.

Die Tatsache, dass wir Gott manchmal nicht erkennen, sagt nichts über seine Anwesenheit in unserem Leben aus, sondern eher etwas darüber, dass wir ihn uns anders vorstellen. Das muss doch was ganz Gewaltiges, was Strahlendes, was Großartiges sein – so denken wir. Aber vielleicht ist Auferstehung gar nicht so spektakulär? Vielleicht sind es die kleinen Momente im Leben, die eigentlich groß sind? Die Stille der Nacht, das Lächeln im Gesicht der Geliebten, die heimlich weggewischte Träne, das ermutigende Wort, Brot und Wein mit den Freunden geteilt ...

Der auferstandene Jesus ist mitten unter uns ... und er ist der Freund, der Geliebte, das Kind, der Fremde – und gelegentlich auch der Gärtner oder der Klempner ...

Als der Sabbat vorüber war, kauften Maria aus Magdala, Maria, die Mutter des Jakobus, und Salome wohlriechende Öle, um damit zum Grab zu gehen und Jesus zu salben. Am ersten Tag der Woche kamen sie in aller Frühe zum Grab, als eben die Sonne aufging.

Markus 16,1–2

Als er aufstand, dem Leben entgegenging, war er allein. Keine Pressereporter, kein Halleluja vom Kirchenchor. Er ist durch den Tod hindurchgegangen. Er hat sich mitten in all das Dunkel von uns Menschen hineingewagt – um uns ganz nahe zu sein, da und dort, wo wir nicht mehr weiterwissen. Gerade dann ist er bei uns.

Er nimmt den Tod todernst. Und all unsere kleinen und großen Tode sind ihm vertraut – die Diagnose des Arztes, die Kündigung am Arbeitsplatz, die Trennung vom Partner, der zerplatzte Traum, das Sterben des kleinen Kindes. Er ist dabei, mittendrin, am Kreuz.

Er redet es nicht schön, sondern nimmt es auf sich.

Und indem er mitten in all unsere Tode hineinkommt, bei uns ist, uns nicht alleine lässt, sind wir ein bisschen weniger einsam, ein bisschen weniger verloren.

Aber er bleibt nicht im Tod, sondern kämpft sich dem Leben entgegen. Mitten im Dunkel lässt er sich locken, von einem Klang, einem Licht, vielleicht einem Wort.

Und er geht uns voraus. Er zeigt uns den Weg. Durch den Tod zum Leben. Und er lädt uns ein, nimmt uns mit, dem Leben entgegen.

Noch ist es dunkel, aber am Horizont steigt schon die Dämmerung auf. Ein erster Vogel zwitschert, noch leicht verschlafen. Eine leise Melodie liegt in der Luft und ruft mich heraus.

Und zögernd stehe ich auf, strecke mich und folge ihm nach.

Und gehe dem Leben entgegen.

EHRENRETTUNG FÜR THOMAS

Thomas, genannt Didymus (Zwilling), einer der Zwölf, war nicht bei ihnen, als Jesus kam. Die anderen Jünger sagten zu ihm: Wir haben den Herrn gesehen. Er entgegnete ihnen: Wenn ich nicht die Male der Nägel an seinen Händen sehe und wenn ich meinen Finger nicht in die Male der Nägel und meine Hand nicht in seine Seite lege, glaube ich nicht. Acht Tage darauf waren seine Jünger wieder versammelt und Thomas war dabei. Die Türen waren verschlossen. Da kam Jesus, trat in ihre Mitte und sagte: Friede sei mit euch! Dann sagte er zu Thomas: Streck deinen Finger aus – hier sind meine Hände! Streck deine Hand aus und leg sie in meine Seite und sei nicht ungläubig, sondern gläubig! Thomas antwortete ihm: Mein Herr und mein Gott! Jesus sagte zu ihm: Weil du mich gesehen hast, glaubst du. Selig sind, die nicht sehen und doch glauben.
Johannes 20,24–29

Der »ungläubige Thomas«, das ist zu einer allgemeinen Redensart geworden. Man bezeichnet damit gerne einen Skeptiker und all diejenigen, die nicht so schnell zu überzeugen sind. Und da klingt durchaus etwas Abwertendes und Geringschätziges mit.

Drehen wir es doch einmal um. Thomas war der einzige der Jünger, der sich aus dem Raum, in dem die Jünger sich versteckt hielten, hinausgetraut hat, vielleicht um die Lage zu erkunden, vielleicht um etwas zum Essen zu organisieren. Er übernimmt nicht einfach das, was andere gesehen und erlebt haben, er will sich seine eigene Meinung bilden. Er traut sich, das zu sagen, was er denkt. Und all das darf so sein. Er wird deshalb nicht aus dem Kreis der Jünger ausgeschlossen.

Thomas – das heißt »Zwilling«. Und das könnte eine gute Spur sein.

»Glaube« und »Zweifel« gehören zusammen. Ein Glaube, der durch den Zweifel hindurchgegangen ist, ist stärker. Ein Glaube, der fragt, sucht Antworten. Ein Glaube, der sucht, wagt sich hinaus. Ein Glaube, der Stellung beziehen will, übernimmt nicht einfach das, was die Mehrheit glaubt.

Und wenn einer durch all diese Zweifel, dieses Suchen, das Fragen hindurchgegangen ist und dann sagen kann: »Mein Herr und mein Gott!« – dem nehme ich sein Bekenntnis auch ab. Denn er glaubt trotz all seiner Zweifel.

Vielleicht bräuchten wir mehr solcher »Thomasse« – auch in unseren Kirchen und Gemeinden. Übrigens: Interessanterweise ist der Apostel Schutzpatron der Theologen. Und zuständig für eine glückliche Hochzeit ...

Jesus erhob seine Augen zum Himmel und sprach:
Vater, die Stunde ist da. Verherrliche deinen Sohn,
damit der Sohn dich verherrlicht. Denn du hast ihm
Macht über alle Menschen gegeben, damit er allen, die
du ihm gegeben hast, ewiges Leben schenkt. Das ist
das ewige Leben: dich, den einzigen wahren Gott, zu
erkennen und Jesus Christus, den du gesandt hast. Ich
habe deinen Namen den Menschen offenbart, die du
mir aus der Welt gegeben hast. Sie gehörten dir und
du hast sie mir gegeben, und sie haben an deinem
Wort festgehalten. Sie haben jetzt erkannt, dass alles,
was du mir gegeben hast, von dir ist. Denn die Worte,
die du mir gegeben hast, gab ich ihnen und sie haben
sie angenommen. Sie haben wirklich erkannt, dass ich
von dir ausgegangen bin, und sie sind zu dem Glauben gekommen, dass du mich gesandt hast. Ich bin
nicht mehr in der Welt, aber sie sind in der Welt, und
ich gehe zu dir. Heiliger Vater, bewahre sie in deinem
Namen, den du mir gegeben hast, damit sie eins sind
wie wir.

Aus Johannes 17

Ein Wunsch? Eine Hoffnung? Oder doch nur eine
Frage? Gibt es mehr als dieses Leben? In dem Lied
der Gruppe *Selig* gibt es keine Antwort darauf – oder
könnte der Titel »Von Ewigkeit zu Ewigkeit« vielleicht

doch schon wieder eine Antwort sein? – »Ewig«: ein Wort, das wir immer wieder benutzen, auch im Alltag, im Sinne von nie endend, immer, lange. Und natürlich kennen wir es aus dem religiösen Sprachgebrauch: »Von Ewigkeit zu Ewigkeit. Amen« oder in Verbindung mit dem »ewigen Leben«.

Das Wort will aber eigentlich gar keine Zeitangabe sein, sondern durchbricht eher unser von Uhr und Kalender bestimmtes Denken. »Ewig« – das ist das »jenseits der Zeit Liegende«, das, was sich dem herkömmlichen Verstehen von Zeit und Raum entzieht. Und damit wird es eher zu einem Begriff einer bestimmten »Qualität«.

Und so kann Jesus Christus auch sagen: »Das ist das ewige Leben: dich, den einzigen, wahren Gott zu erkennen und Jesus Christus, den du gesandt hast.« Das geschieht nicht erst irgendwann mal, sondern hier und jetzt. Und das verändert mein Leben, gibt ihm eine neue, eine andere Qualität.

»Gäb es mehr als dieses Leben, ich würde ewig mit dir gehen« – so heißt es in dem Lied der Gruppe *Selig*. Jesus Christus macht aus diesem Wunsch, aus dieser Hoffnung eine Zusage: Es gibt mehr als dieses Leben, schon jetzt – weil er bei mir und mit mir ist.

In jener Zeit gingen die elf Jünger nach Galiläa auf den Berg, den Jesus ihnen genannt hatte. Und als sie Jesus sahen, fielen sie vor ihm nieder. Einige aber hatten Zweifel. Da trat Jesus auf sie zu und sagte zu ihnen: Mir ist alle Macht gegeben im Himmel und auf der Erde. Darum geht zu allen Völkern, und macht alle Menschen zu meinen Jüngern; tauft sie auf den Namen des Vaters und des Sohnes und des Heiligen Geistes, und lehrt sie, alles zu befolgen, was ich euch geboten habe. Seid gewiss: Ich bin bei euch alle Tage bis zum Ende der Welt.

Matthäus 28,16–20

Ich erinnere mich gut: Wenn ich als Kind meine Mutter mal wieder mit irgendetwas nervte, bekam ich irgendwann zu hören: »Geh mit Gott – aber geh!« Ein diskreter Hinweis darauf, dass ich doch bitte die Tür von der anderen Seite zumachen soll.

Mit Gott gehen: Das meint eigentlich genau das Gegenteil, nämlich dass ich die Tür in die Weite öffnen, dass ich mich aufmachen soll. Und dass Gott eben nicht auf der anderen Seite der Tür zurückbleibt, sondern mitgeht.

Wenn wir mit Gott gehen, dann gehen wir mit »Vater, Sohn und Heiligem Geist«.

Gott Vater – er ruft mich heraus, lockt mich zum Leben, befreit mich aus meinen Gefängnissen, schenkt die Verheißung.

Gott Sohn – er gesellt sich auf dem Weg dazu, manchmal unerkannt, wird Gefährte im Unterwegs-Sein.

Gott Heiliger Geist – er schenkt und gibt mir das, was ich für den Weg brauche: Er ist das Feuer und die Leidenschaft, er gibt mir Stärke und Einsicht, er wärmt und tröstet.

Für meinen Weg in die Freiheit und in das Leben brauche ich alles drei – den Ruf, der mich herauslockt; den Gefährten, der mitgeht, einen, der mir die Gaben und Fähigkeiten für den Weg schenkt.

Und auch wenn wir das Geheimnis von Dreifaltigkeit vielleicht nicht erklären können, könnten diese drei Dimensionen »es« doch erfahrbar werden lassen: herausrufen – mitgehen – beschenken.

Ich brauche den Ruf, ich brauche den, der mitgeht, und ich brauche Proviant für unterwegs.

Dann kann ich mich getrost auf den Weg machen – mit Gott.

AUCH WENN ALLE STERNE VOM HIMMEL FALLEN

In jenen Tagen, nach der großen Not, wird sich die
Sonne verfinstern und der Mond wird nicht mehr
scheinen; die Sterne werden vom Himmel fallen und
die Kräfte des Himmels werden erschüttert werden.
Dann wird man den Menschensohn mit großer Macht
und Herrlichkeit auf den Wolken kommen sehen. Und
er wird die Engel aussenden und die von ihm Auser-
wählten aus allen vier Windrichtungen zusammenfüh-
ren, vom Ende der Erde bis zum Ende des Himmels. ...
Himmel und Erde werden vergehen, aber meine Worte
werden nicht vergehen. Doch jenen Tag und jene
Stunde kennt niemand, auch nicht die Engel im Himmel, nicht einmal der Sohn, sondern nur der Vater.
Aus Markus 14

Manchmal bricht das Ende der Welt schon jetzt
über einen herein. Die Sonne verfinstert sich und
die Sterne fallen vom Himmel: Ein geliebter Mensch
stirbt, der Arbeitsplatz wird gekündigt, die Diagnose
des Arztes lässt wenig Hoffnung. All das, was selbstverständlich war, wird plötzlich infrage gestellt. Von
heute auf morgen kann sich die gewohnte Ordnung in
ein Chaos verwandeln.

Dieses Chaos kann niemand aus unserem Leben
wegnehmen – auch Gott nicht. Das kann keiner ...
und jeder, der das verspricht, lügt. Krankheit und Tod,

Angst und Einsamkeit gehören zu unserem Leben dazu. Und da mögen auch manche Gebete in die falsche Richtung gehen. Gott hat nie versprochen, dass wir nicht mehr weinen werden – aber er sammelt unsere Tränen in seinem Krug. Aber das wirklich Entscheidende ist: Er geht mit uns durch all unser Chaos hindurch, er nimmt uns an seine Hand – und führt uns zu einer neuen Ordnung. Das ist das, was entscheidend ist, allem Chaos zum Trotz: Er geht mit. Sein Wort bleibt. Seine Zusage gilt.

Das gilt für all die kleinen und großen Chaos-Situationen in unserem Leben – heute, hier und jetzt. Und es gilt genauso für die letzte, große Chaos-Situation, von der Jesus spricht. Ja, mag sein, dass eines Tages die Ordnung dieser Welt vergeht – und dass dann das Chaos anbricht. Mag sein, dass Himmel und Erde vergehen – aber: Sein Wort wird nicht vergehen. Und das heißt: Nach dem Chaos kommt eine neue Welt, eine neue Ordnung.

Ich gebe gerne zu: Das braucht Vertrauen. Vertrauen aber kann man lernen.

Und könnten unsere vielen kleinen und großen Chaos-Situationen des Alltags, in denen alle Pläne durchkreuzt werden, nicht auch eine Chance sein, genau dieses große Vertrauen auf Gott zu lernen? Dass er uns durch all dieses Chaos hin zu einer neuen Ordnung führt? Und – dass er auf diesem Weg mitgeht?

Auch wenn alle Sterne vom Himmel fallen.

Ganz oder gar nicht

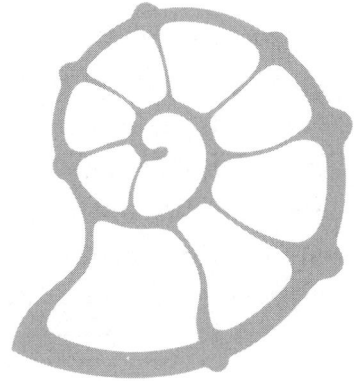

VON INNEN LEUCHTEN

Ich rufe dir ins Gedächtnis: Entfache die Gnade Gottes wieder, die dir durch die Auflegung meiner Hände zuteil geworden ist. Denn Gott hat uns nicht einen Geist der Verzagtheit gegeben, sondern den Geist der Kraft, der Liebe und der Besonnenheit.

2 Timotheus 1,6–7

Spät abends kam ich von einem Vortrag zurück ins Tagungshaus. Und ich stutzte – in der kleinen Kirche auf dem Gelände brannte noch Licht. Hm – hatte jemand vergessen, das Licht auszuschalten? Oder hatte da etwa noch eine Gruppe eine »Mitternachtsmeditation«? Ich überlegte kurz, ob ich jemanden informieren sollte – ließ es dann aber. Die Mitarbeiter waren alle nach Hause gegangen, und irgendjemanden noch spät in der Nacht deswegen herauszuklingeln musste ja auch nicht sein.

Beim Frühstück am Morgen traf ich den Leiter des Tagungshauses und fragte nach. Und dann erzählte er mir, dass er in einem Text des inzwischen emeritierten Erfurter Bischofs Joachim Wanke gelesen habe, dass man Kirchen nicht von außen anstrahlen solle wie ein Denkmal, sondern dass sie von innen leuchten sollen. Und dass habe ihn so beeindruckt, dass er sich damals vorgenommen habe, genau das umzusetzen – eine Kirche leuchtet von innen!

Ein faszinierender Gedanke! Und er ließ mich nachdenklich zurück: Leuchten wir uns gegenseitig an – oder strahlen wir aus uns heraus? Ist in uns ein solches Licht, dass wir es uns leisten können, mitten im Dunkel der Nacht vor uns hin zu strahlen? Könnte Kirche so eine Art von Leuchtturm sein, der den Weg weist? Sind wir, bin ich jemand, der solch ein Licht aussendet?

Energie sparen ist in diesem Fall nicht angesagt... das Licht Gottes gehört zu den Energien, die nicht ausgehen werden. Aber wir müssen uns davon entfachen lassen – und dann in die Nacht hinaus leuchten...

In jener Zeit war das Volk voll Erwartung, und alle überlegten im Stillen, ob Johannes nicht vielleicht selbst der Messias sei. Doch Johannes gab ihnen allen zur Antwort: Ich taufe euch nur mit Wasser. Es kommt aber einer, der stärker ist als ich, und ich bin es nicht wert, ihm die Schuhe aufzuschnüren. Er wird euch mit dem Heiligen Geist und mit Feuer taufen. Zusammen mit dem ganzen Volk ließ auch Jesus sich taufen. Und während er betete, öffnete sich der Himmel, und der Heilige Geist kam sichtbar in Gestalt einer Taube auf ihn herab, und eine Stimme aus dem Himmel sprach: Du bist mein geliebter Sohn, an dir habe ich Gefallen gefunden.

Aus Lukas 3

»Der hat seine Feuertaufe bestanden!« – manchmal hört man ihn noch, diesen alten Ausdruck. Damit will man sagen, dass etwas oder jemand seine erste Bewährungsprobe gepackt hat: Mit dem neuen Auto ist man die erste große Strecke gefahren, die neue Digitalkamera kam gleich bei der Hochzeit der Tochter zum Einsatz und hat hervorragend funktioniert, der junge Mitarbeiter hat ein großes Projekt gut durchgezogen.

Früher hatte dieser Ausdruck auch eine militärische Bedeutung. »Der hat seine Feuertaufe bestanden!« – das sagte man über den jungen Soldaten, der sein erstes Gefecht hinter sich hatte. Ursprünglich aber kommt dieses Wort aus dem religiösen Sprachgebrauch und bezieht sich auf die Stelle im Evangelium, in der Johannes sagt: »Ich taufe mit Wasser, aber nach mir kommt einer, der mit dem Heiligen Geist und mit Feuer taufen wird!«

In unserer eigenen Taufe wurden wir mit Wasser getauft und damit in die Gemeinschaft der Christen, die Kirche, aufgenommen. Manche bleiben ihr Leben lang »Taufschein-Christen«, sozusagen »passive Mitglieder«. Auch die sind für einen Verein wichtig. Aber eigentlich will unser Glaube mehr, er will, dass wir nicht nur per Taufschein Christ sind, sondern dass wir ins Handeln kommen, zu »aktiven Mitgliedern« werden. Und genau das meint die Taufe mit dem Feuer, mit dem Heiligen Geist – dass wir uns entflammen lassen und selbst was tun!

Und vielleicht ist das das Entscheidendste, was man von einem Christen sagen kann: Der hat seine Feuertaufe bestanden, denn er hat sein Christ-Sein im Alltag gelebt. Bei dem stand die Taufe nicht nur auf einem Papier, sondern er hat danach gehandelt. Und das ist die spannende Frage: Bin ich bereit, mich entflammen zu lassen? Bin ich bereit, mich mit dem Feuer Gottes, dem Feuer seiner Liebe taufen zu lassen? Bin ich bereit, dazu »ja« zu sagen?

VOR MIR, HINTER MIR, UM MICH HERUM?

In jener Zeit sah Johannes der Täufer Jesus auf sich zukommen und sagte: Seht, das Lamm Gottes, das die Sünde der Welt hinwegnimmt. Er ist es, von dem ich gesagt habe: Nach mir kommt ein Mann, der mir voraus ist, weil er vor mir war. Auch ich kannte ihn nicht; aber ich bin gekommen und taufe mit Wasser, um Israel mit ihm bekannt zu machen. Und Johannes bezeugte: Ich sah, dass der Geist vom Himmel herabkam wie eine Taube und auf ihm blieb. Auch ich kannte ihn nicht; aber er, der mich gesandt hat, mit Wasser zu taufen, er hat mir gesagt: Auf wen du den Geist herabkommen siehst und auf wem er bleibt, der ist es, der mit dem Heiligen Geist tauft. Das habe ich gesehen, und ich bezeuge: Er ist der Sohn Gottes.

Johannes 1,29–34

Eine alte chassidische Geschichte erzählt: Der Rabbi sah einen auf der Straße eilen, ohne rechts und links zu schauen. »Warum rennst du so?«, fragte er ihn. »Ich gehe meiner Arbeit nach«, antwortete der Mann. »Und woher weißt du«, fuhr der Rabbi fort zu fragen, »deine Arbeit laufe vor dir her, dass du ihr nachjagen musst? Vielleicht ist sie dir im Rücken, und du brauchst nur innezuhalten, um ihr zu begegnen, du aber fliehst vor ihr.«

Ist es mit Gott und unserem Glauben nicht manchmal auch so? Wir jagen und eilen und mühen uns ab, um etwas zu erreichen, das scheinbar vor uns liegt – und dabei ist es schon längst da. Wir meinen, etwas leisten zu müssen, und es ist uns schon längst geschenkt. Wir strecken uns nach etwas aus, und nehmen nicht wahr, dass uns der Rücken gestärkt wird.

»Nach mir kommt einer, der vor mir war« – und ist und sein wird.

Aber um sich das bewusst zu machen, braucht es das Innehalten, die Unterbrechung in all meinem Jagen, die Auszeit in all meinen Terminen. Und dann sehe ich nach vorne – du! Und ich schaue zurück – du! Und ich schaue um mich herum – du!

Ja, es gibt genug zu tun. Aber es ist auch eine Verführung. Wenn Gott nur vor mir ist, dann geht es darum, zu machen.

Wenn Gott auch hinter mir ist und um mich herum, dann ist das die Einladung zum Lassen. Die Einladung zum Sein.

Gott ist da.

Er ist vor mir und nach mir und mit mir.

Vor wem oder was sollte ich mich fürchten?

Unterwegs sah Jesus einen Mann, der seit seiner Geburt blind war. Jesus spuckte auf die Erde; dann machte er mit dem Speichel einen Teig, strich ihn dem Blinden auf die Augen und sagte zu ihm: Geh und wasch dich in dem Teich Schiloach! Schiloach heißt übersetzt: Der Gesandte. Der Mann ging fort und wusch sich. Und als er zurückkam, konnte er sehen.

Aus Johannes 9

Erinnern Sie sich noch? Als Kinder haben wir das gespielt. Jemand sucht sich einen Gegenstand aus, den die anderen erraten müssen – und als kleine Hilfe wird wenigstens die Farbe angegeben. Und dann versuchen die Mitspieler herauszubekommen, was denn der andere wohl sehen mag.

»Ich sehe was, was du nicht siehst«… es könnte Gott sein, der das zu uns Menschen sagt. Stimmt – wir sehen manches nicht, was Gott sieht. Manchmal sind wir blind für das, was wirklich wichtig ist, was uns gut täte, was getan werden müsste. Manchmal sind wir so sehr in uns verfangen, dass wir nichts anderes mehr sehen. Und dann kommt da auf einmal einer, der ganz einladend und lockend sagt: Ich sehe was, was du nicht siehst! Komm, ich zeig es dir! Und das ist schön – und ganz spannend! Das ist das Leben – und es ist bunt! Das »Spiel« funktioniert nur, wenn es Mitspieler gibt.

Wenn es welche gibt, die Lust darauf haben herauszu-finden, was der andere sieht. Die neugierig nachfra-gen und sich auf die Suche machen. Die Dinge probie-ren und vorschlagen – und nicht entmutigt sind, wenn eine Antwort auch einmal »nein« heißt. Die Interesse daran haben, was denn der andere wohl sehen mag.

Gott möchte, dass wir das sehen, was er sieht – und wie er es sieht. Und er hilft uns dabei. Er gibt Tipps. Er möchte, dass wir »mitspielen«.

Und wenn wir uns darauf einlassen, dann werden wir das Leben und die Welt so sehen, wie er sie sieht.

Und das ist bunt.

Einer sagte zu Jesus: Ich will dir nachfolgen, Herr. Zuvor aber lass mich von meiner Familie Abschied nehmen. Jesus erwiderte ihm: Keiner, der die Hand an den Pflug gelegt hat und nochmals zurückblickt, taugt für das Reich Gottes.

Lukas 9,57–62

Es gibt ein paar Entscheidungen in unserem Leben, die keine Halbherzigkeit vertragen, da gilt es hinzustehen: Ganz oder gar nicht! »Ein bisschen Frieden«, wie Nicole es 1982 besungen hat, mag ja ganz schön sein ... aber »ein bisschen Liebe«? Ich liebe das und das an dir, aber das und das nicht? Ich liebe dich nur, wenn du ...! Und am besten freitags gar nicht, da bin ich nämlich mit anderem verplant. Und deshalb heirate ich dich auch nur ein bisschen ... Und ich bin auch nur ein bisschen Mutter oder Vater ... dann wenn es mir grad in meinen Terminkalender hineinpasst, wenn die Kinder nicht zu störend oder zu anstrengend sind. Das geht nicht – und das kann so nicht gehen.

Sandor Márai, ein ungarischer Schriftsteller, sagt, dass es Fragen gibt, auf die man nicht mit Worten, sondern nur mit dem Leben antworten kann. Zu sagen »Ich liebe dich!« ist nett und schön ... aber es muss gelebt werden, manchmal in unzählig vielen kleinen Gesten und Zeichen, manchmal in den Durststrecken einer Beziehung, manchmal in den so langweiligen Alltäglichkeiten. »Ich liebe dich« – das ist nicht der Spurt über 100 Meter, sondern das ist die Langstrecke, vielleicht sogar der Marathon. »Ich liebe dich!« ist nicht auf kurzfristige, einseitige Bedürfnisbefriedigung aus, sondern meint Hingabe ... und das geht eben nun mal nur ganz oder gar nicht.

Und das gilt auch für Gott. Er gehört zu den Fragen, auf die man nicht mit Worten, sondern nur mit dem Leben antworten kann. Und wenn dann die Antwort heißt: »Jetzt passt es mir grad nicht!« oder »Vielleicht später!«, weil uns anderes wichtiger zu sein scheint, mag sein, dass wir gerade dann an dem vorbeilaufen, was uns gut tun und uns zum Leben und zur Lebendigkeit befreien würde. »Ein bisschen Gott« geht nicht. Ganz oder gar nicht.

Das hört sich jetzt so groß an ... aber so wie Liebe in vielen kleinen Dingen gelebt sein will, wird mein »Hier bin ich!« im gelebten Leben meines Alltags deutlich, so wie in einer gelingenden Freundschaft, einer guten Ehe, im Erziehen von Kindern ... Ja, ich folge dir nach – nicht erst dann und wenn, sondern jetzt. Mit dem, was ich kann, was ich bin. Und das gilt für Gott genauso wie für den oder die Menschen, die ich liebe: mit dem Leben antworten!

Jesus kam nach Jericho und ging durch die Stadt. Dort wohnte ein Mann namens Zachäus; er war der oberste Zollpächter und war sehr reich. Er wollte gern sehen, wer dieser Jesus sei, doch die Menschenmenge versperrte ihm die Sicht; denn er war klein. Darum lief er voraus und stieg auf einen Maulbeerfeigenbaum, um Jesus zu sehen, der dort vorbeikommen musste. Als Jesus an die Stelle kam, schaute er hinauf und sagte zu ihm: Zachäus, komm schnell herunter! Denn ich muss heute in deinem Haus zu Gast sein. Da stieg er schnell herunter und nahm Jesus freudig bei sich auf.

Lukas 19,1–6

Salzburg – und ein wunderschöner Nachmittag im Frühherbst. Die Teilnehmer der Reisegruppe hatten Zeit, die Stadt auf eigene Faust zu erkunden – und so schlenderte auch Birgit gemächlich durch die alten Gassen. Sie hatte sich von den anderen abgesetzt, wollte alleine ihren Gedanken nachhängen, die Atmosphäre der Stadt auf sich wirken lassen. Und dann plötzlich ein urgemütliches Café, das regelrecht zum Verbleiben einlud. Aber alleine sich da jetzt hinsetzen und Kaffee trinken? Birgit zögerte und wollte schon, ein bisschen seufzend, weitergehen. Aber dann fiel ihr der Satz ein, der in ihrer »Weg-Gruppe« zum feststehenden Begriff geworden war: »Mit Gott Kaffee trinken«. Und dahinter steckt die Erfahrung, dass viele Gespräche mit Gott durchaus in der Küche stattfinden können. Die Kinder sind schon in der Schule, der Frühstückstisch ist abgeräumt, man hat noch ein paar Minuten Zeit für eine Tasse Kaffee, schnauft einmal durch, zündet vielleicht eine kleine Kerze an, denkt an Gott, wird ruhig ...

Und als Birgit das einfiel, steuerte sie zielbewusst das Café an und suchte sich einen freien Tisch, um jetzt mit Gott Kaffee zu trinken.

Ich finde das eine wunderschöne Idee. Einen kurzen Moment des Durchschnaufens mit ihm, Gott, zu verbringen – und dann kann es wieder weitergehen. Und man muss gar nicht viel erzählen, man muss gar nicht so arg zuhören, man ist einfach beieinander.

Ach so – man kann natürlich auch Tee mit ihm trinken oder Kakao ...

In jener Zeit, als einige darüber sprachen, dass der Tempel mit schönen Steinen und Weihegeschenken geschmückt sei, sagte Jesus: Es wird eine Zeit kommen, da wird von allem, was ihr hier seht, kein Stein auf dem andern bleiben; alles wird niedergerissen werden. ... Es wird gewaltige Erdbeben und an vielen Orten Seuchen und Hungersnöte geben; schreckliche Dinge werden geschehen, und am Himmel wird man gewaltige Zeichen sehen. Aber bevor das alles geschieht, wird man euch festnehmen und euch verfolgen. Man wird euch um meines Namens willen den Gerichten der Synagogen übergeben, ins Gefängnis werfen und vor Könige und Statthalter bringen. Dann werdet ihr Zeugnis ablegen können. Nehmt euch fest vor, nicht im Voraus für eure Verteidigung zu sorgen; denn ich werde euch die Worte und die Weisheit eingeben, so dass alle eure Gegner nicht dagegen ankommen und nichts dagegen sagen können. ... Wenn ihr standhaft bleibt, werdet ihr das Leben gewinnen.

Aus Lukas 21

In jener Zeit, als einige darüber sprachen, wie schön doch der letzte Urlaub war und dass die Astern im Garten noch so üppig blühen, die Enkeltochter einen so guten Abschluss gemacht hat und man sich so auf das große Familientreffen freut, da sagte Jesus: Es wird eine andere Zeit kommen. Und es stimmt – wie schnell kann die scheinbare Idylle zu einem Lebenschaos werden, in dem kein Stein mehr auf dem anderen bleibt: die Diagnose Krebs, die Kündigung am Arbeitsplatz, ein Unfall, plötzlicher Tod – und nichts ist mehr so, wie es mal war. »Das Ende der Welt« muss sich nicht erst in unendlichen Zeiten ereignen, sondern kann schon morgen hier und jetzt, mitten in meinem Leben, stattfinden.

Jesus will uns nicht die Stimmung verderben... er will uns mit seiner herben Warnung darauf vorbereiten, dass es eines Tages eben ganz anders kommen kann, als wir es erwarten. Und wenn man das im Blick hat, wenn man darauf vorbereitet ist, dann kann man anders damit umgehen, als wenn es einen wie ein Blitz aus heiterem Himmel trifft.

Genau dann ist Vertrauen gefragt, Zeugnis ablegen, standhaft bleiben: nicht an Gott zweifeln, auch wenn alle Zeichen dagegen sprechen, wenn andere mir anderes einreden wollen. An die Hand Gottes glauben, die mich auffängt, wenn ich falle, die mich hält, wenn alles um mich herum zerfällt.

Ob und wie das »große« Ende der Welt und der Zeit einmal kommen wird, das wissen wir nicht. Dass meine ganz persönliche Welt einmal zusammenbrechen kann, ist zumindest nicht auszuschließen. Aber die Zusage Jesu gilt: Wenn ihr standhaft bleibt, werdet ihr das Leben gewinnen.

DIE KLEINEN MOMENTE DER VERWANDLUNG

In jener Zeit nahm Jesus Petrus, Jakobus und Johannes beiseite und führte sie auf einen hohen Berg, aber nur sie allein. Und er wurde vor ihren Augen verwandelt; seine Kleider wurden strahlend weiß, so weiß, wie sie auf Erden kein Bleicher machen kann. Da erschien vor ihren Augen Elija und mit ihm Mose, und sie redeten mit Jesus. Petrus sagte zu Jesus: Rabbi, es ist gut, dass wir hier sind. Wir wollen drei Hütten bauen, eine für dich, eine für Mose und eine für Elija. Er wusste nämlich nicht, was er sagen sollte; denn sie waren vor Furcht ganz benommen. Da kam eine Wolke und warf ihren Schatten auf sie, und aus der Wolke rief eine Stimme: Das ist mein geliebter Sohn, auf ihn sollt ihr hören. Als sie dann um sich blickten, sahen sie auf einmal niemand mehr bei sich außer Jesus. Während sie den Berg hinabstiegen, verbot er ihnen, irgendjemand zu erzählen, was sie gesehen hatten, bis der Menschensohn von den Toten auferstanden sei. Dieses Wort beschäftigte sie, und sie fragten einander, was das sei: von den Toten auferstehen.

Markus 9,2–10

Zugegeben, wenn ein Freund mich leicht am Ärmel zupft, ein wenig beiseite zieht und mit vielleicht etwas geheimnisvoller Stimme sagt: »Ich will dir da was zeigen!« oder »Ich muss dir unbedingt was sagen!«, dann genieß ich das! Dann geht es um etwas, was nur für uns beide bestimmt ist – und das ist ein Vertrauenserweis! Man darf erfahren, dass man für den anderen wichtig ist, dass er einem vertraut!

Ja, es gibt diese »Gipfel-Erlebnisse« mitten im Alltag – und dazu muss man nicht immer auf einen hohen Berg steigen. Manchmal sind das für mich die fünf Minuten mit unserem Pfarrer, eine Zigarette rauchend, vor der Kirche; manchmal ein Telefonat, in dem mir eine Freundin erzählt, dass sie die Stelle bekommen hat; oder es ist Dirk, der mir mit seinen Patschhänden stolz eine von ihm verzierte Kerze überreicht.

Festhalten möchte man sie, diese kleinen Momente, in denen man dem anderen so nah ist! Aber es geht nicht.

Frau Schulz will wissen, wann sie eine Kerze segnen lassen kann, das Handy klingelt, der Küster fragt, wann er das Kreuz verhüllen soll – Alltag eben.

Aber es sind diese kleinen Momente des Lebens, hineingenommen in eine Nähe, die mich meint, die mich herausholt aus dem Alltagsgeschäft, die mich den Himmel erahnen lassen.

Das sind Momente der Verwandlung – bei mir.

Aber dazu braucht es auch meine Bereitschaft, mich verwandeln zu lassen ...

MÖGEN SIE WUNDER?

Jesus kam in seine Heimatstadt; seine Jünger beglei-
teten ihn. Am Sabbat lehrte er in der Synagoge. Und
die vielen Menschen, die ihm zuhörten, staunten und
sagten: Woher hat er das alles? Was ist das für eine
Weisheit, die ihm gegeben ist! Und was sind das für
Wunder, die durch ihn geschehen! Ist das nicht der
Zimmermann, der Sohn der Maria und der Bruder von
Jakobus, Joses, Judas und Simon? Leben nicht seine
Schwestern hier unter uns? Und sie nahmen Anstoß an
ihm und lehnten ihn ab. Da sagte Jesus zu ihnen: Nir-
gends hat ein Prophet so wenig Ansehen wie in seiner
Heimat, bei seinen Verwandten und in seiner Fami-
lie. Und er konnte dort kein Wunder tun; nur einigen
Kranken legte er die Hände auf und heilte sie. Und er
wunderte sich über ihren Unglauben.
Markus 6,1b–6a

Zugegeben, Wunder haben es schwer heutzutage.
Wir sind skeptisch, kritisch, hinterfragen, analysieren.
Tatsachen zählen und das, was die Medien an Neu-
igkeiten verbreiten. Man will ja objektiv sein und den
Tatsachen trauen.

Wunder aber entziehen sich all dem. Man kann sie
nicht erklären, nicht verstehen, sie fallen aus der Logik
unseres Denkens heraus.

Sie geschehen immer noch. Aber man muss sie sehen und wahrnehmen wollen.

Wunder verändern nämlich. Sie führen aus einer vordergründigen Ebene des Erlebens in eine tiefgründige – man hält inne, staunt, ist sprachlos, wird still, ehrfürchtig. Weil sich eine andere Dimension des Lebens auftut: Wunder wie die Liebe zu einem Menschen, die Geburt eines Kindes, sogar der Tod … sie alle durchkreuzen das vordergründige Rechnen und Machen und Tun.

Deswegen mögen manche Menschen Wunder nicht so sehr. Sie beunruhigen, stellen das Vertraute in Frage, verunsichern. Ein Wunder könnte Konsequenzen haben.

Dort aber, wo sich Menschen nicht mehr wundern wollen oder können, da geschehen auch keine Wunder mehr, da bleibt alles so, wie es ist.

Das Wunder braucht Menschen, die sich noch wundern können – und wollen.

DORNRÖSCHEN

In jener Zeit kam ein Synagogenvorsteher namens
Jaïrus zu Jesus. Als er ihn sah, fiel er ihm zu Füßen und
flehte ihn um Hilfe an; er sagte: Meine Tochter liegt
im Sterben. Komm und leg ihr die Hände auf, damit sie
wieder gesund wird und am Leben bleibt ... Sie gingen
zum Haus des Synagogenvorstehers. Als Jesus den
Lärm bemerkte und hörte, wie die Leute laut weinten
und jammerten, trat er ein und sagte zu ihnen: Warum
schreit und weint ihr? Das Kind ist nicht gestorben, es
schläft nur. Da lachten sie ihn aus. Er aber schickte
alle hinaus und nahm außer seinen Begleitern nur die
Eltern mit in den Raum, in dem das Kind lag. Er fasste
das Kind an der Hand und sagte zu ihm: Talita kum!,
das heißt übersetzt: Mädchen, ich sage dir, steh auf!
Sofort stand das Mädchen auf und ging umher. Es
war zwölf Jahre alt. Die Leute gerieten außer sich vor
Entsetzen. Doch er schärfte ihnen ein, niemand dürfe
etwas davon erfahren; dann sagte er, man solle dem
Mädchen etwas zu essen geben.
Aus Markus 5

Ich bin die Tochter des Jaïrus. Ich habe keinen eigenen Namen, ich bin ein Nichts, ein Niemand, nur die
Tochter des ...

So aber kann ich nicht Mensch sein, kann ich nicht
Frau werden. So kann ich nicht wachsen, mich ent-

wickeln, meinen Weg gehen. Solange mein Vater mich festhält, bin ich nur Tochter – und kann nicht zur Frau werden. Die Liebe meines Vaters hält mich, bindet mich, fesselt mich.

Viele Kämpfe habe ich gekämpft – und ich habe verloren. Jetzt gebe ich auf. Wenn ich nicht Frau werden darf, will ich auch keine Tochter mehr sein. Meine Lebenskraft versiegt, zieht sich nach innen zurück. Und ich sterbe jeden Tag ein wenig mehr – weil ich nicht leben darf.

Aber tief in mir wartet das Leben. Wartet darauf, dass da einer kommt, mich berührt, erkennt, was in mir steckt. Ich warte darauf, dass mich einer heraus ruft. Und eines Tages wird er kommen ... ich weiß es.

Bis dahin verstecke ich mich. Ich warte. Und um mich herum wächst meine Dornenhecke und schützt mich. Für die anderen bin ich tot. Doch ich schlafe nur.

Als er kam, fasste er mich an der Hand. Er schaute mich an – und sah mich. Er sah die junge Frau, die werden will. Und er sagte »Mädchen« und nicht »Tochter des ...« Er meint mich.

Und er sagte: »Steh auf!« – geh deinen Weg, als Mensch, als Frau.

Angesehen, berührt, erkannt, geliebt, erlöst, befreit.

Da haben die Dornen Rosen getragen.

Und ich stand auf und machte mich auf den Weg – und konnte leben, endlich leben.

Jesus sagte zu seinen Jüngern: Wenn einer von euch einen Freund hat und um Mitternacht zu ihm geht und sagt: Freund, leih mir drei Brote; denn einer meiner Freunde, der auf Reisen ist, ist zu mir gekommen, und ich habe ihm nichts anzubieten!, wird dann etwa der Mann drinnen antworten: Lass mich in Ruhe, die Tür ist schon verschlossen, und meine Kinder schlafen bei mir; ich kann nicht aufstehen und dir etwas geben? Ich sage euch: Wenn er schon nicht deswegen aufsteht und ihm seine Bitte erfüllt, weil er sein Freund ist, so wird er doch wegen seiner Zudringlichkeit aufstehen und ihm geben, was er braucht. Darum sage ich euch: Bittet, dann wird euch gegeben; sucht, dann werdet ihr finden; klopft an, dann wird euch geöffnet. Denn wer bittet, der empfängt; wer sucht, der findet; und wer anklopft, dem wird geöffnet.

Lukas 11,5–10

Immer wieder kann man es beobachten: Kleine Kinder mit ihrer Mutter, ihrem Vater in einem Supermarkt ... und dann zeigen die Kleinen auf etwas oder nehmen es einfach aus dem Regal heraus. Wenn die Erwachsenen zumindest halbwegs gewillt sind, den Wunsch des Kindes zu erfüllen, kommt dann die obligatorische Nachfrage: »Wie sagt man?« – und erst auf das ausgesprochene »Bitte« hin wird es dann erlaubt.

Bei den Zulus, der zahlenmäßig größten Bevölkerungsgruppe in Südafrika, kommen die Kinder nicht so einfach weg. Wenn sie um etwas bitten wollen, dann müssen sie beide Hände flach nach vorne strecken, mit der Handfläche nach oben. Eine Hand reicht nicht! Denn sonst könnte die andere Hand ja hinter dem Rücken etwas Böses »denken oder planen«. Wer so um etwas bittet, öffnet sich ganz, macht sich wehrlos, hat keine Hintergedanken. Und wenn Kinder dies schon über eine entsprechende Haltung einüben und nicht einfach nur ein »Zauberwort« sagen, dann kann es auch das »Bitten« verändern.

»Bitten« und »beten« aber gehören von der Wortbedeutung her zusammen. Und auch beim Beten geht es eben nicht nur um ein Wort oder um Worte, sondern um eine Haltung. Und manche Menschen beten genauso – die beiden Handflächen offen nach vorne ausgestreckt: Ich lasse alles los – und bin bereit, das von dir, Gott, zu empfangen, was du mir geben willst!

Bitten, beten auf Afrikanisch … vielleicht nicht die schlechteste Idee.

ER ALLEIN!

Als Jesus aufblickte und sah, dass so viele Menschen zu ihm kamen, fragte er Philippus: Wo sollen wir Brot kaufen, damit diese Leute zu essen haben? Einer seiner Jünger, Andreas, der Bruder des Simon Petrus, sagte zu ihm: Hier ist ein kleiner Junge, der hat fünf Gerstenbrote und zwei Fische; doch was ist das für so viele! Jesus sagte: Lasst die Leute sich setzen! Es gab dort nämlich viel Gras. Da setzten sie sich; es waren etwa fünftausend Männer. Dann nahm Jesus die Brote, sprach das Dankgebet und teilte an die Leute aus, so viel sie wollten; ebenso machte er es mit den Fischen. Als die Menge satt war, sagte er zu seinen Jüngern: Sammelt die übrig gebliebenen Brotstücke, damit nichts verdirbt. Sie sammelten und füllten zwölf Körbe mit den Stücken, die von den fünf Gerstenbroten nach dem Essen übrig waren. Als die Menschen das Zeichen sahen, das er getan hatte, sagten sie: Das ist wirklich der Prophet, der in die Welt kommen soll. Da erkannte Jesus, dass sie kommen würden, um ihn in ihre Gewalt zu bringen und zum König zu machen. Daher zog er sich wieder auf den Berg zurück, er allein.
Aus Johannes 6

Lange Jahre hatte ich an meiner Wohnungstür eine Karte mit einer Regel aus dem Kloster Altenberg hängen: »Ihr sollet gegen jedweden gastfreundlich sein –

aber nach drei Tagen könnet ihr allmählich ein wenig nachlassen.« Dieser Spruch war für mich eine wichtige Erinnerung daran, dass Gastfreundschaft auch ihre Grenzen hat. Ja, ich kann und darf geben, was ich habe, was ich bin. Und soll es sogar!

Der kleine Junge schenkt seine Brote und Fische – ohne die Erwartung zu haben, etwas zurückzubekommen. Und Jesus schenkt sich her – bedingungslos, liebend, sich hingebend. Aber den Menschen reicht all das nicht. Sie wollen noch mehr. Sie wollen Jesus zum König machen. Sie sehen nur auf ihre Bedürfnisse, auf ihre Interessen – und sind dabei unersättlich. Dort, wo Menschen sich etwas erwarten, erhoffen, werden sie es auch einfordern. Und genau das zerstört eigentlich den Wert, etwas schenken zu können, zu dürfen.

Dort, wo mein Geschenk zur Selbstverständlichkeit wird, darf ich auch Grenzen ziehen.

Dort, wo andere mich dazu benutzen, sich nur noch »versorgen« zu lassen, darf ich mich auch entziehen.

Oder, ich sage es noch einmal anders: Ich bin gerne bereit, mich »gebrauchen« zu lassen, aber nicht, mich »missbrauchen« und ausnutzen zu lassen. Dann darf ich mit meiner Gastfreundschaft allmählich ein wenig nachlassen. Und dann darf ich mich notfalls all den Anforderungen an mich auch entziehen. »Daher zog Jesus sich wieder auf den Berg zurück, er allein.«

In jener Zeit sprach Jesus: Ich preise dich, Vater, Herr des Himmels und der Erde, weil du all das den Weisen und Klugen verborgen, den Unmündigen aber offenbart hast. Ja, Vater, so hat es dir gefallen. Mir ist von meinem Vater alles übergeben worden; niemand kennt den Sohn, nur der Vater, und niemand kennt den Vater, nur der Sohn und der, dem es der Sohn offenbaren will. Kommt alle zu mir, die ihr euch plagt und schwere Lasten zu tragen habt. Ich werde euch Ruhe verschaffen. Nehmt mein Joch auf euch und lernt von mir; denn ich bin gütig und von Herzen demütig; so werdet ihr Ruhe finden für eure Seele.
Matthäus 11,25–30

»Was machen eigentlich die Menschen, die nicht an Gott glauben?«, fragte mich Tanja gestern. Und dann erzählte sie mir ihre Geschichte.

Ganz harmlos sah der Briefumschlag aus, kein Absender. Aber als sie dann den Zettel sah, lief es ihr eiskalt den Rücken hinunter: die Adresse ihrer Frauenärztin und der lapidare Satz: »Bitte setzen Sie sich wegen eines Untersuchungsbefundes mit uns in Verbindung.« Tanja musste sich erst einmal setzen, alle möglichen Fantasien standen ihr lebendig vor Augen. Krebs? Krankenhaus? Operation? Langwierige Behandlungen? Und was würde mit dem geplanten

Urlaub werden, auf den sie sich so lange schon gefreut hatte? Und mit den ersten spannenden Überlegungen zu ihrer Zukunft?

Sie hatte den Brief am Samstag im Briefkasten gefunden – keine Chance, in der Praxis anzurufen. Wild jagten an diesem Tag die Gedanken durch ihren Kopf, sie hatte Angst, und da war niemand, dem sie davon hätte erzählen wollen oder können. Und von der Erinnerung überwältigt, schwieg sie einen Moment.

»Und«, fragte ich nach, »wie ging es weiter?« Tanja schaute mich an: »Als ich am Spätnachmittag noch zu einem Termin fuhr, stand für zehn Minuten einer der schönsten Regenbögen, den ich je gesehen habe, über den Bergen. Und da war ich auf einmal ganz getröstet und wusste, Gott ist da, egal, was passiert. Und ich bin ganz ruhig geworden. Und dann habe ich mich gefragt, was machen eigentlich die Menschen, für die ein Regenbogen nur ein Regenbogen ist?«

Den kleinen Eingriff, der nötig war, hat Tanja gut überstanden – und das Ergebnis war ohne Befund.

NACHHILFE IST ANGESAGT

In jener Zeit zogen Jesus und seine Jünger durch Galiläa. Jesus wollte aber nicht, dass jemand davon erfuhr; denn er wollte seine Jünger über etwas belehren. Er sagte zu ihnen: Der Menschensohn wird den Menschen ausgeliefert, und sie werden ihn töten; doch drei Tage nach seinem Tod wird er auferstehen. Aber sie verstanden den Sinn seiner Worte nicht, scheuten sich jedoch, ihn zu fragen. Sie kamen nach Kafarnaum. Als er dann im Haus war, fragte er sie: Worüber habt ihr unterwegs gesprochen? Sie schwiegen, denn sie hatten unterwegs miteinander darüber gesprochen, wer von ihnen der Größte sei. Da setzte er sich, rief die Zwölf und sagte zu ihnen: Wer der Erste sein will, soll der Letzte von allen und der Diener aller sein. Und er stellte ein Kind in ihre Mitte, nahm es in seine Arme und sagte zu ihnen: Wer ein solches Kind um meinetwillen aufnimmt, der nimmt mich auf; wer aber mich aufnimmt, der nimmt nicht nur mich auf, sondern den, der mich gesandt hat.

Markus 9,30–37

Irgendwie – es ist ja schon tröstlich, dass die Jünger so manches von Jesu Botschaft auch nicht auf Anhieb verstanden haben! Da nimmt er sie zur Seite, um mit ihnen etwas zu besprechen, führt sozusagen »Mitarbeitergespräche« – und weiht sie in die Zukunft des

»Betriebes«, der Weitergabe seiner Botschaft, ein. Und das, was er ihnen mitteilt, ist wirklich radikal und existenziell: Tod und Auferstehung!!

Aber »sie haben Ohren – und hören nicht«! Die Botschaft, die die Jünger eigentlich bis ins Innerste berühren müsste, geht an ihnen vorbei. Sie verstehen sie nicht. Sie trauen sich nicht zu fragen. Oder wollten sie nicht fragen? Sie denken vordergründig, schielen auf Macht und Karriere. Sie streiten sich darüber, wer an erster Stelle stehen darf, wer sich im Glanz Jesu sozusagen sonnen darf. Und das ist so menschlich, dass Jesus darüber nicht einmal schimpft.

Aber er erkennt auch: So geht es nicht. Und damit ist zumindest für die Zwölf, die Jesus jetzt ausdrücklich zu sich ruft, noch einmal »Nachhilfe« angesagt. Jesus wird deutlich: Wer im christlichen Sinn an der Macht Gottes teilhaben will, wird nicht zum »Macher«, sondern zum »Diener«. Es geht nicht um Karriere, es geht nicht darum, von irgendwelchen Positionen auf andere herabzuschauen – es geht darum, auf Augenhöhe mit den Kleinsten und Schwächsten unserer Gesellschaft zu sein. Das ist Nachfolge Jesu.

Und er stellt ein Kind, einen Obdachlosen, einen Asyl-Suchenden, einen Alkoholiker, eine psychisch kranke Frau in unsere Mitte ... und er umarmt sie.

»Und er fragte sie: Worüber habt ihr unterwegs miteinander gesprochen?« – und meint eigentlich: »Was tust du?«

ANGELN ODER FISCHEN?

In jener Zeit, als Jesus am Ufer des Sees Genesaret stand, drängte sich das Volk um ihn und wollte das Wort Gottes hören. Da sah er zwei Boote am Ufer liegen. Die Fischer waren ausgestiegen und wuschen ihre Netze. Jesus stieg in das Boot, das dem Simon gehörte, und bat ihn, ein Stück weit vom Land wegzufahren. Dann setzte er sich und lehrte das Volk vom Boot aus. Als er seine Rede beendet hatte, sagte er zu Simon: Fahr hinaus auf den See! Dort werft eure Netze zum Fang aus! Simon antwortete ihm: Meister, wir haben die ganze Nacht gearbeitet und nichts gefangen. Doch wenn du es sagst, werde ich die Netze auswerfen. Das taten sie, und sie fingen eine so große Menge Fische, dass ihre Netze zu reißen drohten.

Lukas 5,1–6

In einer alten Geschichte wird gefragt, warum Jesus eigentlich Fischer als Jünger berufen hat – und keine Landwirte. Und die Antwort lautet sinngemäß: Der Landwirt hat sein abgestecktes Stück Feld, mit Feldwegen erschlossen. Die Wege, die Grenzen sind vorgegeben. Die Fischer müssen hinaus auf den See, auf das Meer – sie fahren dahin, wo sie die Fische vermuten – und dort werfen sie dann ihre Netze aus.

Angler stehen an einer Pier, an einem See, an einem Fluss – und warten darauf, dass ein Fisch anbeißt. Und vielleicht könnte das eine spannende Frage für uns als Christen sein: Sind wir noch Fischer – oder sind wir nicht schon längst zu Anglern geworden? Folgen wir noch den Fischen, wagen wir uns mit unserem kleinen Boot hinaus, nehmen wir es auf mit Wellen oder Wind? Oder haben wir uns in unseren Gemeinden, in unserer Kirche so eingerichtet, dass wir grad mal noch eine Angel mit einem hoffentlich attraktiven Wurm zur Tür oder zum Fenster hinaushängen – und hoffen, dass jemand anbeißt? Und wenn gar keiner anbeißt, dann wechseln wir eben den Köder – oder schimpfen vielleicht über die Dummheit derer, die unsere Botschaft nicht verstehen.

Nachfolge kann nicht heißen, dass wir zu Hause sitzen bleiben und einfach eine Fahne oder eine Angel hinaushängen. Und darauf hoffen und warten, dass jemand kommt ... Nachfolge heißt, selbst hinauszugehen, den Fischen zu folgen, den Menschen nachzugehen, in Wind und Wetter das Netz auszuwerfen.

Und wenn wir den Schritt wagen, wenn wir uns hinaustrauen auf das weite Meer, wenn wir alle Sicherheiten hinter uns lassen, wenn wir den Fischen folgen – und eben nicht darauf warten, dass die Fische zu uns kommen! –, dann werden die Netze voll sein, übervoll!

Denn Gott wird mit uns sein ... Eine Vision? Ja, mag sein. Aber ich möchte es gerne probieren mit dem »Hinausfahren« – ich finde es zumindest spannender als dazusitzen und eine Angel ins Wasser zu halten ...

WENN JEDER GIBT, WAS ER HAT

Die Gemeinde der Gläubigen war ein Herz und eine Seele. Keiner nannte etwas von dem, was er hatte, sein Eigentum, sondern sie hatten alles gemeinsam. Mit großer Kraft legten die Apostel Zeugnis ab von der Auferstehung Jesu, des Herrn, und reiche Gnade ruhte auf ihnen allen. Es gab auch keinen unter ihnen, der Not litt. Denn alle, die Grundstücke oder Häuser besaßen, verkauften ihren Besitz, brachten den Erlös und legten ihn den Aposteln zu Füßen. Jedem wurde davon so viel zugeteilt, wie er nötig hatte.

Apostelgeschichte 4,32–35

Anders als in Deutschland muss man in Südafrika seinen Eintritt in eine Kirchengemeinde ausdrücklich erklären ... und da wird man natürlich auch gefragt, was man zu tun bereit ist, um die Gemeinde zu unterstützen. Viel Geld haben auch hier die wenigsten übrig, das sie entbehren können – und so hat sich eine Initiative entwickelt: *time, talent, treasure* – also Zeit, Fähigkeiten, Schätze. Wer kein Geld geben kann, gibt vielleicht eine Stunde seiner Zeit pro Woche für die Gemeinde, wer gut backen kann, macht einen Kuchen für das nächste Pfarrfest, wer sich gut mit Computern auskennt, hilft anderen – und wer einen bestimmten Geldbetrag geben kann, gibt den. Und das alles macht man ganz offiziell und schriftlich und verpflichtet sich dazu. Damit Gemeinschaften leben können, brauchen sie natürlich Geld – aber sie sind genauso darauf angewiesen, dass ihre Mitglieder ihre Fähigkeiten und Talente zur Verfügung stellen und ihre Zeit. Vielleicht macht sogar das erst eine Gemeinschaft zu einer wirklichen Gemeinschaft? Das geben, was ich kann, was ich habe, was ich bin?

Und möglicherweise könnten dann auch bei uns im Kollektenkörbchen statt der Ein-Euro-Münze mal Zettel landen wie »Ich jäte eine Stunde Unkraut vor der Kirche« oder »Ich bin bereit, anderen zu helfen, Anträge bei Behörden zu stellen« oder »Ich koche gerne – rufen Sie mich an, wenn Sie mich brauchen!« – ich persönlich denke, das wäre nicht das Schlechteste.

Mitten im Leben

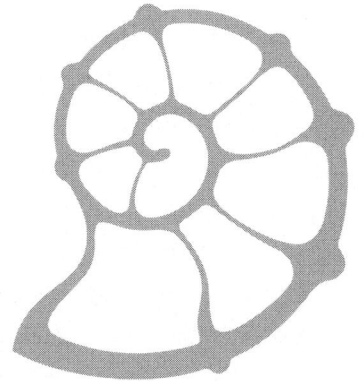

In jener Zeit war das Volk voll Erwartung, und alle überlegten im Stillen, ob Johannes nicht vielleicht selbst der Messias sei. Doch Johannes gab ihnen allen zur Antwort: Ich taufe euch nur mit Wasser. Es kommt aber einer, der stärker ist als ich, und ich bin es nicht wert, ihm die Schuhe aufzuschnüren. Er wird euch mit dem Heiligen Geist und mit Feuer taufen.

Lukas 3,15–16

Bei einem Konzert oder im Flugzeug ist es ziemlich einfach, seinen Platz zu finden: Auf der Eintritts- oder der Bordkarte ist die Reihe und die Platznummer angegeben – und das ist dann mein Platz, keine Diskussion. Am Strand kann das schon schwieriger werden – da lautet oft die Devise: früh da sein, Handtuch hinlegen und dann erst frühstücken gehen. Das kann allerdings schon einmal zu Diskussionen führen und in dem abfälligen Urteil »spießig« enden.

Den eigenen Platz im Leben zu finden – das ist eine Kunst. Das hat etwas mit Selbstbewusstsein zu tun, also damit, sich seiner selbst bewusst zu sein, um die eigenen Stärken und Schwächen zu wissen und realistisch damit umzugehen. Man muss sich nicht größer machen, als man ist – aber es gibt auch keinen Grund, sich kleiner zu machen oder sich gar zu verstecken. Zu sich stehen, authentisch sein, sich und anderen nichts vormachen, nicht sein wollen wie andere, sondern »ich« sein.

Einer, der das gelernt hat, ist Johannes der Täufer. Er weiß, dass da einer kommen wird, der stärker ist als er. Und das gesteht er offen ein. Das ist aber für ihn kein Grund, zu Hause zu bleiben oder seine Botschaft gar nicht zu sagen und alles dem anderen zu überlassen. Er nimmt seinen Platz ein – und kann den anderen stärker und größer sein lassen, ohne Neid und ohne Eifersucht.

Vielleicht ist das die Einladung: meinen Platz als Mensch zu finden – und Gott den Platz geben, der ihm gebührt.

In jener Zeit trieb der Geist Jesus in die Wüste. Dort blieb Jesus vierzig Tage lang und wurde vom Satan in Versuchung geführt. Er lebte bei den wilden Tieren, und die Engel dienten ihm. Nachdem man Johannes ins Gefängnis geworfen hatte, ging Jesus nach Galiläa; er verkündete das Evangelium Gottes und sprach: Die Zeit ist erfüllt, das Reich Gottes ist nahe. Kehrt um, und glaubt an das Evangelium!

Markus 1,12–15

Mit Versuchungen kann man ganz unterschiedlich umgehen: Man kann ihnen erliegen, man kann ihnen widerstehen – oder sie zu vermeiden versuchen. Und jeder Einkauf im Supermarkt kann zu einer entsprechenden Lektion werden: Manchmal erliegt man – und dann ist plötzlich die Tüte mit den Kartoffelchips im Einkaufskorb, manchmal widersteht man und legt die Tafel Schokolade nach einigem Hin und Her doch wieder ins Regal zurück. Und manche haben es sich einfach angewöhnt, sich ganz genau an ihren Einkaufszettel zu halten – und keinen Blick nach rechts und links zu werfen, um allen Versuchungen zu entgehen.

Um Versuchungen aber kommen wir nicht herum. Und die großen Versuchungen im Leben sind nicht immer so einfach zu erkennen wie die kleinen alltäglichen im Supermarkt: Die Versuchung, sich selbst absolut zu setzen, an die Machbarkeit des eigenen Tuns zu glauben, Geld, Macht, Besitz und Leistung zu Götzen zu machen und sie entsprechend anzubeten. So zu tun als gäbe es diese Versuchungen nicht, hilft nicht wirklich, denn dann kommen sie unbemerkt durch die Hintertür herein. Es sind Versuchungen, denen man sich stellen muss, sozusagen von Angesicht zu Angesicht. Und eine Versuchung, zu der ich »nein« gesagt habe, macht mich stärker und in einem guten Sinn selbstbewusster als eine Versuchung, die ich nicht einmal zugelassen habe.

Deshalb entzieht sich Jesus den Versuchungen nicht.

Vielleicht könnten Sie ja Ihren nächsten Einkauf im Supermarkt einfach als kleine Trainingseinheit nutzen?

Hört dieses Wort, die ihr die Schwachen verfolgt und die Armen im Land unterdrückt. Ihr sagt: Wann ist das Neumondfest vorbei? Wir wollen Getreide verkaufen. Und wann ist der Sabbat vorbei? Wir wollen den Kornspeicher öffnen, das Maß kleiner und den Preis größer machen und die Gewichte fälschen. Wir wollen mit Geld die Hilflosen kaufen, für ein paar Sandalen die Armen. Sogar den Abfall des Getreides machen wir zu Geld. Beim Stolz Jakobs hat der Herr geschworen: Keine ihrer Taten werde ich jemals vergessen.

Amos 8,4–7

Angenommen, Sie hätten zwei Kühe: Was würden Sie damit machen? Klar, erst einmal die eigene Familie mit Milch versorgen. Und dann? Die Milch der zweiten Kuh verkaufen? Damit eine dritte Kuh anschaffen? Und irgendwann vielleicht eine Molkerei bauen?

Ja, durchaus logisch gedacht ... europäisch und nordamerikanisch gesehen. Und wohl einer der Gründe der letzten Wirtschaftskrise, wenn man die Milch der fünften Kuh verkauft, auch wenn man die Kuh noch gar nicht hat.

In Afrika sieht man das anders. Ja, man darf dort durchaus zwei Kühe haben. Aber wenn die Milch der ersten Kuh die eigene Familie versorgt, dann ist man verpflichtet, die Milch der zweiten Kuh jemandem zu geben, der keine Kuh hat. Man muss nicht gleich die Kuh hergeben – aber man sollte auch nicht die Milch der Kuh dazu verwenden, eine dritte Kuh zu kaufen, solange es jemanden gibt, der keine Milch hat.

Das ist eine Konkretisierung einer alten »afrikanischen Philosophie«, die auf dem gesamten schwarzen Kontinent bekannt und verbreitet ist. »Ubuntu« – ein Wort, das man nicht richtig übersetzen kann. Es sind Lebenswerte, eine Lebenshaltung, in der das Gemeinwesen wichtig ist. Es geht nicht um die persönliche Bereicherung, sondern darum, miteinander zu wachsen und sich zu entwickeln. Denn die Afrikaner wissen sehr genau: Der Mensch braucht den Mitmenschen, um Mensch sein zu können. Und deshalb ist es wichtig, dass es auch dem anderen gut geht.

Zugegeben, auch in Afrika klappt das nicht immer und überall ... aber an der Idee ist was dran, finde ich.

Welcher Mensch kann Gottes Plan erkennen, oder wer begreift, was der Herr will? Unsicher sind die Berechnungen der Sterblichen und hinfällig unsere Gedanken; denn der vergängliche Leib beschwert die Seele, und das irdische Zelt belastet den um vieles besorgten Geist. Wir erraten kaum, was auf der Erde vorgeht, und finden nur mit Mühe, was doch auf der Hand liegt; wer kann dann ergründen, was im Himmel ist? Wer hat je deinen Plan erkannt, wenn du ihm nicht Weisheit gegeben und deinen heiligen Geist aus der Höhe gesandt hast? So wurden die Pfade der Erdenbewohner gerade gemacht, und die Menschen lernten, was dir gefällt; durch die Weisheit wurden sie gerettet.

Weisheit 9,13–19

Evangelischer Kirchentag in Hamburg – ich hatte mir aus all dem Trubel zwei Stunden »Auszeit« genommen und saß gemütlich mit einem Kaffee an den Landungsbrücken – wie ich finde, einem der schönsten Orte Deutschlands.

Die Menschen aber, die an mir vorbeihasteten, schienen das nicht so zu sehen – die meisten hatten ihr Handy in der Hand, tippten irgendwelche SMS, checkten E-Mails. Die beeindruckende Umgebung schien sie vollkommen unbeeindruckt zu lassen. Und fast kam es mir so vor, als ob sie vor lauter »Nichts-verpassen-Wollen« das »Eigentliche« grad dadurch verpassten.

»Wissen ist Macht«, sagt ein altes Sprichwort. Und das erklärt, warum manche Menschen möglichst viel wissen wollen – und entsprechende Informationen zu Höchstpreisen gehandelt werden. Deshalb ist Wissen heute auch »Geld«. Und da auch »Zeit« inzwischen »Geld« ist, muss alles möglichst rasch, möglichst schnell, möglichst viel sein.

Die deutsche Sprache macht einen kleinen, aber feinen Unterschied: Wissen hat man, weise ist man. Es geht um »Haben oder Sein«, übrigens der Titel eines alten Kultklassikers von Erich Fromm aus den 1970er Jahren. Etwas zu »haben« bedeutet »besitzen«, ich sammle und häufe etwas an, muss es verteidigen. Etwas zu haben definiert mich sozusagen von außen nach innen. Und das macht Druck.

Weise zu sein, das geht von innen nach außen. Das strahlt aus, kommt aus einer Ruhe heraus, aus einer inneren Mitte.

Deshalb gibt es in der Bibel ein Buch der Weisheit, aber kein Buch des Wissens.

EIN GESETZ, DAS FREI MACHT

In jener Zeit hielten sich die Pharisäer und einige Schriftgelehrte, die aus Jerusalem gekommen waren, bei Jesus auf. Sie sahen, dass einige seiner Jünger ihr Brot mit unreinen, das heißt mit ungewaschenen Händen aßen. Die Pharisäer und die Schriftgelehrten fragten ihn also: Warum halten sich deine Jünger nicht an die Überlieferung der Alten, sondern essen ihr Brot mit unreinen Händen? Er antwortete ihnen: Ihr gebt Gottes Gebot preis und haltet euch an die Überlieferung der Menschen. Dann rief er die Leute wieder zu sich und sagte: Hört mir alle zu und begreift, was ich sage: Nichts, was von außen in den Menschen hineinkommt, kann ihn unrein machen, sondern was aus dem Menschen herauskommt, das macht ihn unrein. Denn von innen, aus dem Herzen der Menschen, kommen die bösen Gedanken, Unzucht, Diebstahl, Mord, Ehebruch, Habgier, Bosheit, Hinterlist, Ausschweifung, Neid, Verleumdung, Hochmut und Unvernunft. All dieses Böse kommt von innen und macht den Menschen unrein.

Aus Markus 7

Gesetze sind so eine Sache. Wir mögen sie, wenn sie unsere Interessen schützen und auf unserer Seite sind. Und finden sie gar nicht mehr so toll, wenn sie unsere Freiheiten einschränken oder wenn wir gar bestraft werden, weil wir ein Gesetz übertreten haben.

Die Grundidee eines Gesetzes ist der Schutz der Gemeinschaft und damit Sicherheit. Wenn Stehlen nicht erlaubt ist und gegebenenfalls sogar bestraft wird, dann kann ich sorgloser leben – und muss nicht dauernd ein Auge auf das haben, was mir gehört. Ich kann sicher sein, dass es respektiert wird.

Dazu gehört aber, dass die Menschen, die in dieser Gemeinschaft leben, den Sinn dieses Gesetzes einsehen und sich daran halten. Das Gesetz spiegelt sozusagen etwas wider, was in ihnen ist. Dann ist das Gesetz eher eine Lebensweisheit, die verbindlich gemacht wird, weil man erfahren hat, dass sie allen nutzt.

Damit wird aber auch klar, dass es Gesetze geben kann, die nicht der eigenen Lebenserfahrung entsprechen, deren Sinn ich nicht verstehe. Das sind Gesetze, die mir sozusagen »gegenüberstehen«, mit denen ich konfrontiert werde. Die halte ich deshalb ein, weil man sie halt eben einhält – oder weil ich bestraft werde, wenn ich sie nicht einhalte.

Wenn ich die Gebote Jesu als etwas verstehe, das von außen kommt, das mich einschränken will – dann werde ich sie als Reglementierung verstehen. Wenn sie Ausdruck meiner inneren Überzeugung sind, dann werden sie mich frei machen.

Und genau daran erkennt man »gute Gesetze«.

DUMM GELAUFEN

In jener Zeit zog Jesus auf seinem Weg nach Jerusalem von Stadt zu Stadt und von Dorf zu Dorf und lehrte. Da fragte ihn einer: Herr, sind es nur wenige, die gerettet werden? Er sagte zu ihnen: Bemüht euch mit allen Kräften, durch die enge Tür zu gelangen; denn viele, sage ich euch, werden versuchen hineinzukommen, aber es wird ihnen nicht gelingen. Und man wird von Osten und Westen und von Norden und Süden kommen und im Reich Gottes zu Tisch sitzen. Dann werden manche von den Letzten die Ersten sein und manche von den Ersten die Letzten.

Aus Lukas 13

Gestern im Supermarkt an der Kasse – ein prüfender Blick: Wo stehen wie viele an? Wo komme ich am schnellsten dran? Aber bei aller Erfahrung und allen prüfenden Blicken: Ich wähle immer die falsche Kasse. Denn dann passiert irgendetwas, was ich nicht abschätzen konnte: Die Papierrolle muss ausgewechselt werden, eine Kundin hat vergessen, die Erdbeeren abzuwiegen, ein anderer will partout sein Kleingeld loswerden.

Erste Lebenslektion mitten im Supermarkt: Wenn du planst und rechnest und kalkulierst, wie du am besten wegkommst, dann kannst du fast sicher sein, es kommt anders, als du denkst. Wenn du Erster sein willst, wirst du Letzter werden.

Gestern war es irgendeine Geldkarte, die nicht funktionierte. Okay, kann ja mal vorkommen. Ich schaute ein wenig um mich herum – aber die Menschen, die vor und hinter mir standen, schauten so abwesend und genervt drein, dass sogar ich mich nicht traute, irgendwas zu sagen. Zweite Lebenslektion: Such dir die Schlange an der Kasse danach aus, wo nette Menschen stehen! Wenn du dann schon warten musst, ergibt sich vielleicht ein kleines Gespräch!

Und vielleicht könnten das sogar gute Glaubenslektionen sein? Plane, rechne und kalkuliere nicht mit Gott, um Erster zu sein – dann wird Gott deine Pläne durchkreuzen! Er entzieht sich all deinen Berechnungen, wenn du sie nur deshalb anstellst, um möglichst gut wegzukommen.

Und vielleicht ist es gar nicht das Schlechteste, wenn du dich zu denen dazustellst, die nicht unbedingt »Erster« sein wollen, sondern denen dieser Moment des Lebens an sich wichtig ist – das kurze Gespräch mit der Kassiererin, das Hervorkramen des Kleingelds...

Die Letzten werden die Ersten sein?

Man könnte es eigentlich im Supermarkt schon mal einüben...

FRAU X WAR STETS BEMÜHT

Zu jener Zeit erzählte Jesus dieses Gleichnis: Ein Mann hatte in seinem Weinberg einen Feigenbaum; und als er kam und nachsah, ob er Früchte trug, fand er keine. Da sagte er zu seinem Weingärtner: Jetzt komme ich schon drei Jahre und sehe nach, ob dieser Feigenbaum Früchte trägt, und finde nichts. Hau ihn um! Was soll er weiter dem Boden seine Kraft nehmen? Der Weingärtner erwiderte: Herr, lass ihn dieses Jahr noch stehen; ich will den Boden um ihn herum aufgraben und düngen. Vielleicht trägt er doch noch Früchte; wenn nicht, dann lass ihn umhauen.

Lukas 13,6–9

In Zeugnissen von Arbeitgebern dürfen ja bekanntlich keine negativen Aussagen enthalten sein. Und so hat sich mit der Zeit eine ganz eigene »Zeugnissprache« entwickelt. So kann man bei der scheinbar positiven Aussage »Frau X war stets bemüht ...« sozusagen zwischen den Worten zugleich heraushören: »... aber sie hat es nicht geschafft.«

Gott ist zum Glück kein Arbeitgeber. Bei ihm zählt das Bemühen – aber bemühen möge man sich bitte schon. Und das eben nicht irgendwann einmal, sondern jetzt.

Entschuldigungen, es nicht zu tun, gibt es viele – und die meisten mögen etwas mit der Hoffnung zu tun haben, dass man ja doch kein ganz so großer Sünder ist, da gibt es doch andere, die viel schlimmer sind. Und es hat ja auch noch Zeit.

Nur manchmal kommt man ein wenig ins Nachdenken, wenn man erlebt, dass Unschuldige von Schicksalsschlägen und Katastrophen heimgesucht werden. Wenn das schon Unschuldigen passiert? Kann es sein, dass das, was ich tue, vielleicht doch nicht ausreicht?

Aber wer glaubt, dass Leiden eine Strafe Gottes sei, denkt zu klein von Gott und macht ihn zu einem Buchhaltergott. Vor Gott sind wir alle Sünder. Und wenn Gott der große Richter wäre, der unbarmherzig Versagen und gute Werke gegeneinander aufrechnete, dann sähe die Bilanz bei uns allen wohl nicht so besonders gut aus. Gott aber ist die Liebe, er gibt noch eine Chance, er hilft beim Wachsen. Aber bemühen müssen wir uns schon – und zwar nicht irgendwann einmal, sondern jetzt.

Ein Lied sagt es so: »Jetzt ist die Zeit, jetzt ist die Stunde, heute wird getan oder auch vertan, worauf es ankommt, wenn er kommt!« – das ist die Aufforderung Jesu. Und »seine Frage wird lauten: Was hast du getan, wen hast du geliebt um meinetwillen?«

Und wenn in unserem »göttlichen Zeugnis« dann die Aussage steht: »Sie war stets bemüht...«, dann können wir getrost dem Kommen des Herrn entgegensehen.

WER NICHT GENIESST

In jener Zeit, als die Pharisäer hörten, dass Jesus die Sadduzäer zum Schweigen gebracht hatte, kamen sie bei ihm zusammen. Einer von ihnen, ein Gesetzeslehrer, wollte ihn auf die Probe stellen und fragte ihn: Meister, welches Gebot im Gesetz ist das wichtigste? Er antwortete ihm: Du sollst den Herrn, deinen Gott, lieben mit ganzem Herzen, mit ganzer Seele und mit all deinen Gedanken. Das ist das wichtigste und erste Gebot. Ebenso wichtig ist das zweite: Du sollst deinen Nächsten lieben wie dich selbst. An diesen beiden Geboten hängt das ganze Gesetz samt den Propheten.
Matthäus 22,34–40

Es waren wohl achtzehn oder zwanzig Teilnehmer, die sich für den Kurs im Tagungshaus angemeldet hatten – und so saßen wir am Freitagabend zusammen, und ich fragte ein wenig neugierig: Was erwarten Sie sich denn von dem Wochenende? Die Antworten, die kamen, waren alle ganz gut nachvollziehbar ... bis sich eine Frau zu Wort meldete und sagte: »So genau kann ich das eigentlich gar nicht sagen – meine Tochter hat mich geschickt!« Wir sahen sie etwas verständnislos an und daraufhin erklärte sie: »Ja, sie hat zu mir gesagt: Mutti, du bist im Moment so unausstehlich – es wird höchste Zeit, dass du dir mal wieder was Gutes tust!«

Es stimmt schon, manche Menschen tun sich schwer damit, sich selbst etwas Gutes zu tun. Gelegentlich mag da die eigene Erziehung mit hineinspielen, aber es kann auch damit zu tun haben, dass man sich selbst nicht als wertvoll genug empfindet. Und die Folge kann dann schon sein, dass man auch anderen nichts gönnt, weil man sich selbst nichts gönnt – und man damit irgendwie unausstehlich wird.

Der Liedermacher Konstantin Wecker bringt es auf den Punkt, wenn er sagt: »Wer nicht genießt, wird ungenießbar!«

Du sollst deinen Nächsten lieben – das fängt schlicht und ergreifend bei mir an.

Und mich mögen … das geht deshalb, weil ich mich von Gott gemocht weiß.

Ach so: Was wollten Sie heute noch Schönes für sich selbst tun?

In jener Zeit zog Jesus sich in das Gebiet von Tyrus
und Sidon zurück. Da kam eine kanaanäische Frau aus
jener Gegend zu ihm und rief: Hab Erbarmen mit mir,
Herr, du Sohn Davids! Meine Tochter wird von einem
Dämon gequält. Jesus aber gab ihr keine Antwort. Da
traten seine Jünger zu ihm und baten: Befrei sie von
ihrer Sorge, denn sie schreit hinter uns her. Er antwortete: Ich bin nur zu den verlorenen Schafen des
Hauses Israel gesandt. Doch die Frau kam, fiel vor ihm
nieder und sagte: Herr, hilf mir! Er erwiderte: Es ist
nicht recht, das Brot den Kindern wegzunehmen und
den Hunden vorzuwerfen. Da entgegnete sie: Ja, du
hast Recht, Herr! Aber selbst die Hunde bekommen
von den Brotresten, die vom Tisch ihrer Herren fallen.
Darauf antwortete ihr Jesus: Frau, dein Glaube ist groß.
Was du willst, soll geschehen. Und von dieser Stunde
an war ihre Tochter geheilt.

Matthäus 15,21–28

Zugegeben, ich mag diese frechen Spruchkarten, die
man immer mal wieder findet. Zu meinen derzeitigen
Favoriten gehört eine Karte mit folgendem Text: »Wir
sind hier nicht bei ›Wünsch dir was‹, sondern bei ›So
isses‹« – ein Autor oder Erfinder ist leider nicht angegeben. Mich erinnert die Karte daran, dass es nicht
viel Sinn ergibt, sich immer wieder darüber zu bekla-

gen, dass die Welt oder die Kirche oder die Gemeinde oder ... ganz anders ist, als ich sie gerne hätte. Es gibt Realitäten, die ich zur Kenntnis nehmen muss, auch wenn ich sie nicht mag. Und mich mit »Wünsch dir was« wegzuträumen, hilft nicht wirklich, sondern kann sogar dazu führen, dass ich an der Realität noch mehr leide als vorher.

Wünsche müssen das »So isses« im Blick haben und eben nicht verleugnen. Ja, so ist es – und ich nehme es an und akzeptiere es. Und trotzdem – oder gerade deshalb – wünsche ich mir etwas. Wünsche können dann Wirklichkeit werden, wenn sie die Realität nicht »wegwünschen«, sondern sich durch die Tatsachen hindurchwünschen. Dann kann die Situation, an der ich leide, meinen Wünschen die Kraft geben – und den langen Atem.

Wünschen, die die Wirklichkeit nicht in den Blick nehmen, geht schnell die Puste aus. Und das kann traurig machen oder aggressiv oder ohnmächtig. Und dann träumt man sich die »gute Fee« herbei.

Die »gute Fee« aber wird nur dann kommen, wenn ich bereit bin, für meine Wünsche auch etwas zu tun – und das fängt damit an, die Realität zur Kenntnis zu nehmen.

Unsere Heimat ist im Himmel. Von dorther erwarten wir auch Jesus Christus, den Herrn, als Retter, der unseren armseligen Leib verwandeln wird in die Gestalt seines verherrlichten Leibes, in der Kraft, mit der er sich alles unterwerfen kann. Darum, meine geliebten Geschwister, nach denen ich mich sehne, meine Freude und mein Ehrenkranz, steht fest in der Gemeinschaft mit dem Herrn.

Phil 3,20–4,1

Wilhelm Willms, dem wir so viele schöne Texte für neue geistliche Lieder verdanken, hat einmal gesagt: »wir sind die baustelle des himmels, der himmel muss geträumt werden, der himmel muss organisiert werden.« Baustelle des Himmels sein, das heißt: Es gibt eine Idee, einen Plan, man hat ein Bild vor Augen. Und diese Idee begeistert so sehr, dass man Hand anlegt, zupackt, gemeinsam Stein auf Stein legt. Und das braucht natürlich auch ein wenig Organisation und Struktur, denn wenn jeder ganz alleine an seinem eigenen Privathimmel baut, dann werden wir nicht weit kommen. Andererseits: Die beste Struktur hilft nichts, wenn keine Begeisterung mehr da ist.

Möglicherweise ist beim Bauen aber das Allerwichtigste eine gute Portion Gelassenheit. Von Menschen, die ganz konkret irgendwo ein Haus bauen, kann man lernen, dass dabei immer etwas schiefgeht – ein Fenster passt nicht, die Eingangstür wird nicht geliefert, damit verzögert sich der Einzugstermin, da ist was falsch ausgemessen worden, zwei Anschlüsse sind verwechselt worden, und und und ... man kann nur hoffen, dass es lediglich kleine Dinge sind.

Baustellen kann man nur mit einer gewissen Gelassenheit aushalten. Und das gilt auch für die Baustelle des Himmels. Aber wir können uns in dem Fall diese Gelassenheit durchaus leisten, denn fertig wird der Himmel hier auf Erden sowieso nicht – und solange Gott mitbaut, wird es schon werden.

Nur die Begeisterung dürfen wir nicht verlieren ...

So spricht der Herr: Jubelt Jakob voll Freude zu, und jauchzt über das Haupt der Völker! Verkündet, lobsingt und sagt: Der Herr hat sein Volk gerettet, den Rest Israels. Seht, ich bringe sie heim aus dem Nordland und sammle sie von den Enden der Erde, darunter Blinde und Lahme, Schwangere und Wöchnerinnen; als große Gemeinde kehren sie hierher zurück. Weinend kommen sie, und tröstend geleite ich sie. Ich führe sie an wasserführende Bäche, auf einen ebenen Weg, wo sie nicht straucheln. Denn ich bin Israels Vater, und Efraim ist mein erstgeborener Sohn.

Jeremia 31,7–9

Meine Eltern, aus Ostpreußen und Schlesien kommend, hat der Zweite Weltkrieg nach Hessen verschlagen … dort bin ich aufgewachsen. Wiesbaden aber wurde mir nie zur Heimat – denn »unsere Heimat ist da, wo man nicht mehr hin kann«, so sagten es meine Eltern. Ich erinnere mich an die Bilder vom Rathaus in Breslau und von der Kurischen Nehrung mit Elchen – und ein Onkel, den ich sehr liebte, sprach noch diesen wunderschönen ostpreußischen Dialekt und sagte immer »Marjellchen« zu mir …

Meine Eltern wollten nie zurück. Sie haben im Westen neu angefangen und haben sich dort beheimatet. Und es war für sie gut so, wie es war – aus welchen Gründen auch immer.

Andere taten sich schwerer damit. Sie trauerten dem Verlust hinterher, und steckten so viel Kraft in diese Trauerarbeit, dass sie nie richtig neu anfangen konnten. Eine Tante trauerte noch mit achtzig Jahren dem Breslau hinterher, das sie verlassen hatte, als sie vierzehn Jahre alt war.

Was ist das, was uns an Orte bindet, an Landschaften, an ein bestimmtes Licht der Sonne, einen Dialekt?

Und was lässt uns weggehen, was hält uns?

Ich habe daraus gelernt, dass es für mich eine andere »Heimat« geben muss als die, die mit schwarzer Schrift auf gelben Tafeln am Eingang eines Ortes oder einer Stadt angeschrieben steht.

Meine »Heimat« ist Gott, ist mein Glaube. Und ich ziehe dorthin, wo ich glaube, diesen Gott finden zu können. Ich ziehe dorthin, wo ich glaube, dass dieser Gott mich brauchen kann und will – sei es in Südafrika, in Viernheim oder im Emsland.

Im Exil bin ich nur dann und dort, wo ich nicht mit Gott verbunden bin.

ARM ODER REICH?

Ihr Reichen, weint nur und klagt über das Elend, das euch treffen wird. Euer Reichtum verfault, und eure Kleider werden von Motten zerfressen. Euer Gold und Silber verrostet; ihr Rost wird als Zeuge gegen euch auftreten und euer Fleisch verzehren wie Feuer. Noch in den letzten Tagen sammelt ihr Schätze. Aber der Lohn der Arbeiter, die eure Felder abgemäht haben, der Lohn, den ihr ihnen vorenthalten habt, schreit zum Himmel; die Klagerufe derer, die eure Ernte eingebracht haben, dringen zu den Ohren des Herrn der himmlischen Heere. Ihr habt auf Erden ein üppiges und ausschweifendes Leben geführt, und noch am Schlachttag habt ihr euer Herz gemästet. Ihr habt den Gerechten verurteilt und umgebracht, er aber leistete euch keinen Widerstand.

Jakobus 5,1–6

Im Tal der tausend Hügel, westlich von Durban in Südafrika, leben arme Menschen. Viele wohnen noch in Lehmhütten, durch die im Winter pfeifend der kalte Wind fegt, Wolkenbrüche sorgen für Schlamm und Nässe. Oft sind es Großmütter, die dort mit ihren Enkeln »wohnen« – die Väter sind verschwunden, die Mütter an HIV gestorben. Aber für diese »gogos«, wie sie in der Sprache der Zulus genannt werden, ist es selbstverständlich, für die Kinder da zu sein, irgendwie Essen zu besorgen, vielleicht den Besuch einer besseren Schule zu ermöglichen.

Pearl ist eine von ihnen. Sie kann gelegentlich in einem kleinen Trainingscenter arbeiten, wo sie wunderschöne Taschen macht – und dort lernte ich sie kennen. Wir kamen ins Gespräch, so gut es eben ging, sie konnte nur wenig Englisch – und ich kein Zulu. Aber irgendwie mochten wir uns…

Plötzlich fragte sie mich: »Wie viele Kinder hast du?« – und als ich ihr sagte, dass ich nicht verheiratet bin und keine Kinder habe, schaute sie mich ganz mitleidig an und meinte: »Das ist aber sehr schade für dich!« und nahm mich spontan in den Arm, um mich zu trösten.

Seit dieser Begegnung mit Pearl bin ich mir ein wenig unsicher, wer von uns beiden nun wirklich »arm« und wer »reich« ist.

Geld scheint jedenfalls nicht das entscheidende Kriterium zu sein.

FANTASIE GEFRAGT!

Als Jesus nach Kafarnaum zurückkam, wurde bekannt, dass er wieder zu Hause war. Und es versammelten sich so viele Menschen, dass nicht einmal mehr vor der Tür Platz war; und er verkündete ihnen das Wort. Da brachte man einen Gelähmten zu ihm; er wurde von vier Männern getragen. Weil sie ihn aber wegen der vielen Leute nicht bis zu Jesus bringen konnten, deckten sie dort, wo Jesus war, das Dach ab, schlugen die Decke durch und ließen den Gelähmten auf seiner Tragbahre durch die Öffnung hinab. Als Jesus ihren Glauben sah, sagte er zu dem Gelähmten: Mein Sohn, deine Sünden sind dir vergeben! ... Und er sagte zu dem Gelähmten: Ich sage dir: Steh auf, nimm deine Tragbahre, und geh nach Hause! Der Mann stand sofort auf, nahm seine Tragbahre und ging vor aller Augen weg. Da gerieten alle außer sich; sie priesen Gott und sagten: So etwas haben wir noch nie gesehen.

Aus Markus 2

Südafrika, Pinetown, St. Benedict-School, letzter Tag der großen Ferien. Und Schwester Ulrike, dort als Schulpsychologin tätig, staunt nicht schlecht, als zwei Männer fröhlich lachend, mit nackten Füßen, die Schuhe in der Hand, eine große Mülltonne auf das Schulgelände schieben. Interessiert fragt sie nach – und die Situation ist einfach zu erklären. Die Männer sollten noch vor Schulanfang am Montag Platten im Hof verlegen – aber dazu braucht man Wasser. Das aber gab es an diesem Tag nicht, wahrscheinlich war mal wieder irgendwo ein Rohr geplatzt. Also nahmen sie einfach eine große Mülltonne mit Rädern, rollten sie zum kleinen Flüsschen nahebei und holten sich dort das Wasser, damit sie arbeiten konnten. Und hatten selbst unsagbar viel Spaß daran, dass sie auf so eine kreative Idee gekommen waren!

Vier Freunde decken das Dach eines Hauses ab, um einen Mann zu Jesus zu bringen, damit er ihn heilen kann. Durch die Tür können sie nicht – ich stelle mir vor, wie sie da im Schatten eines Baumes beieinander stehen, beratschlagen – und dann hat einer plötzlich diese verrückte Idee. Mit Fantasie lassen sich manche Probleme lösen, damals in Kafarnaum und heute in Südafrika. »Das haben wir aber noch nie so gemacht!«, zeigt zwar Verbundenheit mit der Vergangenheit, hilft aber nicht so besonders bei den Problemen von heute. Fantasie ist gefragt!

In jener Zeit sprach Jesus zu seinen Jüngern: Wie mich der Vater geliebt hat, so habe auch ich euch geliebt. Bleibt in meiner Liebe! Wenn ihr meine Gebote haltet, werdet ihr in meiner Liebe bleiben, so wie ich die Gebote meines Vaters gehalten habe und in seiner Liebe bleibe. Dies habe ich euch gesagt, damit meine Freude in euch ist und damit eure Freude vollkommen wird. Das ist mein Gebot: Liebt einander, so wie ich euch geliebt habe. Es gibt keine größere Liebe, als wenn einer sein Leben für seine Freunde hingibt. Ihr seid meine Freunde, wenn ihr tut, was ich euch auftrage. Ich nenne euch nicht mehr Knechte; denn der Knecht weiß nicht, was sein Herr tut. Vielmehr habe ich euch Freunde genannt; denn ich habe euch alles mitgeteilt, was ich von meinem Vater gehört habe. Nicht ihr habt mich erwählt, sondern ich habe euch erwählt und dazu bestimmt, dass ihr euch aufmacht und Frucht bringt und dass eure Frucht bleibt. Dann wird euch der Vater alles geben, um was ihr ihn in meinem Namen bittet. Dies trage ich euch auf: Liebt einander!

Johannes 15,9–17

Am späten Nachmittag ein überraschender Anruf von guten Freunden, die weit weg wohnen: »Bist du zu Hause? Wir sind auf der Durchfahrt und kommen in einer Stunde vorbei!« – fein, ich freue mich! Wir sehen uns nicht oft, und da ist jede Gelegenheit willkommen!

Ich werfe einen raschen Blick in den Kühlschrank. Bier steht kalt, auch eine Flasche Wein, Mineralwasser. Ob ich was kochen soll? Aber dann müsste ich noch einkaufen. Und dann steh ich vielleicht in der Küche – und würde mich doch viel lieber mit den Freunden unterhalten. Wenn sie da sind, gilt es, die Zeit mit ihnen zu verbringen – und nicht meine Kochkünste unter Beweis zu stellen. Und so widerstehe ich auch erfolgreich der Versuchung, die Wohnung noch schnell auf Hochglanz zu bringen: Meine Freunde kennen mich.

Jesus nennt uns Freunde – aber ob wir wirklich verstanden haben, was er damit sagen will? Er will bei uns sein – und wir stehen in der Küche oder räumen auf? Sind wir nicht doch eher Knecht oder Magd? Wir arbeiten und engagieren uns für den Herrn und mühen uns ab – vielleicht für einen ominösen Himmelslohn.

Nichts gegen Kochen und eine aufgeräumte Wohnung – aber: mit Freunden feiert man Feste.

Und jetzt werde ich nachdenklich: Ist mein Leben ein Arbeiten für den Herrn – oder ein Fest mit Gott?

Ich glaube, ich würde doch eine Pizza bestellen ...

APFELBÄUMCHEN

In jener Zeit sprach Jesus zu seinen Jüngern: Ich bin der wahre Weinstock, und mein Vater ist der Winzer. Jede Rebe an mir, die keine Frucht bringt, schneidet er ab, und jede Rebe, die Frucht bringt, reinigt er, damit sie mehr Frucht bringt. Ihr seid schon rein durch das Wort, das ich zu euch gesagt habe. Bleibt in mir, dann bleibe ich in euch. Wie die Rebe aus sich keine Frucht bringen kann, sondern nur, wenn sie am Weinstock bleibt, so könnt auch ihr keine Frucht bringen, wenn ihr nicht in mir bleibt. Ich bin der Weinstock, ihr seid die Reben. Wer in mir bleibt und in wem ich bleibe, der bringt reiche Frucht; denn getrennt von mir könnt ihr nichts vollbringen.

Johannes 15,1–5

In diesem Jahr hat unser kleines Apfelbäumchen im Pfarrgarten nicht geblüht, sondern direkt Blätter angesetzt. Als ich versuchte, mich im Internet ein wenig schlau zu machen, beruhigten mich die Informationen etwas. Es ist durchaus normal, dass ein junger Apfelbaum nicht blüht – und auch bei älteren Bäumen gilt durchaus: ein Jahr viele Blüten und im Jahr darauf wenig oder gar keine.

Aber: Wenn keine Blüten – dann auch keine Frucht. Was Frucht bringen will oder soll, muss vorher geblüht haben.

Wenn wir hören, dass wir »Frucht bringen« sollen, dann verbinden wir das oft mit Leistung – und liegen gerade damit komplett falsch. »Leistung« ist ein Begriff aus unserem technisierten Zeitalter. Maschinen müssen Leistung bringen, möglichst 24 Stunden am Tag und 365 Tage im Jahr, damit sie sich auch lohnen. »Frucht«, das ist ein Bild aus der Natur – und die Zuhörer Jesu damals wussten sehr genau, was sie mit diesem Wort zu verbinden haben. Ein Apfelbaum trägt seine Äpfel im Herbst, dazwischen darf er auch mal wie tot aussehen, um dann zu blühen, zu wachsen und zu reifen. Und in einem Jahr braucht er seine Ruhe, um im anderen umso mehr Frucht zu tragen. Und all das darf sein, weil Gott eben keine Leistung erwartet, sondern Frucht.

Frucht aber werde ich nur bringen können, wenn ich vorher geblüht habe – in Jesus Christus, in meinem Glauben. Wenn ich mit ihm, mit Gott, verbunden bleibe. Einfach nur verbunden *bleiben*, mehr muss ich dafür gar nicht tun.

In jener Zeit erzählte Jesus der Menge das folgende
Gleichnis: Mit dem Himmelreich ist es wie mit einem
Mann, der guten Samen auf seinen Acker säte. Während nun die Leute schliefen, kam sein Feind, säte
Unkraut unter den Weizen und ging wieder weg. Als
die Saat aufging und sich die Ähren bildeten, kam auch
das Unkraut zum Vorschein. Da gingen die Knechte
zum Gutsherrn und sagten: Herr, hast du nicht guten
Weizen auf deinen Acker gesät? Woher kommt dann
das Unkraut? Er antwortete: Das hat ein Feind von mir
getan. Da sagten die Knechte zu ihm: Sollen wir gehen
und es ausreißen? Er entgegnete: Nein, sonst reißt ihr
zusammen mit dem Unkraut auch den Weizen aus.
Lasst beides wachsen bis zur Ernte. Wenn dann die
Zeit der Ernte da ist, werde ich zu den Arbeitern sagen:
Sammelt zuerst das Unkraut und bindet es in Bündeln,
um es zu verbrennen; den Weizen aber bringt in meine
Scheune.

Matthäus 13,24–30

Von den bunten Tütchen im Pflanzencenter hatte
ich mich verführen lassen – ja, warum eigentlich nicht
Ringel- und Sonnenblumen einfach aussäen statt
teure Topfblumen zu kaufen und zu pflanzen? Und
warum nicht selbst Petersilie ziehen? Das müsste doch
sogar ich als absoluter Garten-Anfänger hinkriegen.

Gesagt – getan.

Aber dann wurde es schwierig. Da wuchs zwar was – aber das meiste sah irgendwie gleich aus. Und das wuchs sogar da, wo ich gar nichts gesät hatte. War das jetzt eine junge Sonnenblume – oder etwas, was ich gar nicht in meinem Garten haben wollte? Mir blieb gar nichts anderes übrig als zu warten, nicht vorschnell Ordnung zu schaffen, sondern wachsen zu lassen. Und nach einigen Tagen sah die Petersilie auf einmal »petersilrig« aus, da konnte man an der einen Pflanze die Blattform einer Sonnenblume erkennen und an der anderen plötzlich das Blatt eines Ahorns, der dort eigentlich gar nicht vorgesehen war.

Manchmal ist das auch so in meinem Leben … da weht der Wind oder da bringen Vögel Samen herbei, einen Traum, eine Idee, einen Plan – und ich kann noch gar nicht genau sagen, ob ich das will und brauchen kann. Dann kann es gut tun, einfach erst mal wachsen zu lassen – und eben nicht vorschnell zu sortieren und »auszureißen«.

In der Geistlichen Begleitung sagt man es so: Für eine »Sache im Sinne Gottes« spricht, wenn sie durch einen Aufschub an Stärke zunimmt.

Vielleicht auch, weil ich sie manchmal erst im Wachsen besser erkennen kann.

NÄHE BRAUCHT DISTANZ

Am Abend, als die Sonne untergegangen war, brachte man alle Kranken und Besessenen zu Jesus. Die ganze Stadt war vor der Haustür versammelt, und er heilte viele, die an allen möglichen Krankheiten litten, und trieb viele Dämonen aus. Und er verbot den Dämonen zu reden; denn sie wussten, wer er war. In aller Frühe, als es noch dunkel war, stand er auf und ging an einen einsamen Ort, um zu beten. Simon und seine Begleiter eilten ihm nach, und als sie ihn fanden, sagten sie zu ihm: Alle suchen dich. Er antwortete: Lasst uns anderswohin gehen, in die benachbarten Dörfer, damit ich auch dort predige; denn dazu bin ich gekommen. Und er zog durch ganz Galiläa, predigte in den Synagogen und trieb die Dämonen aus.

Markus 1,32–39

Ich hatte sechs »heftige« Tage hinter mir – zahlreiche Veranstaltungen, 1.500 Kilometer, viele kleine und große Begegnungen. Jetzt war »nur noch« ein Kaffeetrinken mit Menschen angesagt, mit denen ich zukünftig ein wenig öfter zusammenarbeiten werde, bei dem wir uns einfach persönlich kennenlernen wollten. Dann lagen 400 Kilometer Heimfahrt vor mir – keine Ahnung, mit wie viel Staus – und ob es auf der Sauerlandlinie wieder Schnee geben würde? »Was machen Sie denn auf der langen Heimfahrt?«, fragte einer der »neuen Kollegen« interessiert, »telefonieren oder denken Sie an Texten rum oder ...?« – »Ich werde es genießen, dass vier Stunden lang keiner etwas von mir will!«, antwortete ich sehr spontan.

All die vielen Berührungen, die vielen Begegnungen, so schön sie waren, brauchen jetzt ihren Gegenpol. Die Nähe, in die ich Kraft hineingegeben habe, braucht jetzt die Distanz. Die Spannung braucht das Loslassen. Ich muss sozusagen einen Schritt zurück machen, um mich selbst wieder zu finden. Dann, und nur dann!, werde ich auch wieder einen Schritt auf die anderen hin machen können.

Ich brauche den einsamen Ort und das Dunkel der Nacht, um dann wieder Menschen auf ihrem Weg begleiten zu können. Wirklich nahe sein kann ich nur, wenn ich mich ab und an auch einmal den Anforderungen entziehe. Meine Nähe kann nur in der Distanz wachsen.

In jener Zeit trat Petrus zu Jesus und fragte: Herr, wie oft muss ich meinem Bruder vergeben, wenn er sich gegen mich versündigt? Siebenmal? Jesus sagte zu ihm: Nicht siebenmal, sondern siebenundsiebzigmal.

Matthäus 18,21–22

»Das vergeb ich dem nie!« Ja, es kann Situationen im Leben geben, in denen man genau das denkt, sagt, entsprechende Konsequenzen zieht: Der Freund spannt einem die Freundin aus, die Geschwister teilen das Erbe unter sich alleine auf, man wird von einem, dem man vertraut hat, verraten. »Das vergeb ich dem nie!« Manchmal ist es eine durchaus verständliche Reaktion. Leider zeigen sich die anderen, denen diese Aussage gilt, davon oft eher unbeeindruckt. Meine Rachegedanken, meine Wut fallen ins Leere und verändern meistens überhaupt nichts.

Was bleibt, ist der »Kriegszustand« in mir. Ich ärgere mich, ich bin wütend, ich schlage um mich. Ich werde nicht fertig damit. Ich halte die Wunde offen, die andere mir geschlagen haben. Das tut weh. Und so kann meine Wunde auch nicht heilen.

Der Rat Jesu ist ein anderer: vergeben. Das heißt nicht, dass ich alles gutheiße, was andere machen. Und es bedeutet auch nicht, dass ich mich nicht wehren darf. Aber es gibt einen Zeitpunkt, an dem ich loslassen muss. Die Ereignisse, die mich verletzen, kann ich oft nicht ändern. Was ich aber ändern kann, ist meine innere Einstellung dazu. Wenn ich nicht vergebe, nicht loslasse, dann trage ich es mit mir herum und erlaube den anderen, mein Leben noch mehr zu verwüsten.

»Vergeben« – ich hole den Krieg nicht in mich hinein. Ich lasse los. Und gehe meinen Weg.

Vielleicht sogar – irgendwann – im Frieden mit Gott und der Welt und mir.

In jenen Tagen begann Jesus, seinen Jüngern zu erklären, er müsse nach Jerusalem gehen und von den
Ältesten, den Hohenpriestern und den Schriftgelehrten vieles erleiden; er werde getötet werden, aber am
dritten Tag werde er auferstehen. Da nahm ihn Petrus
beiseite und machte ihm Vorwürfe; er sagte: Das soll
Gott verhüten, Herr! Das darf nicht geschehen! Jesus
aber wandte sich um und sagte zu Petrus: Weg mit dir,
Satan, geh mir aus den Augen! Du willst mich zu Fall
bringen; denn du hast nicht das im Sinn, was Gott will,
sondern was die Menschen wollen.

Darauf sagte Jesus zu seinen Jüngern: Wer mein Jünger
sein will, der verleugne sich selbst, nehme sein Kreuz
auf sich und folge mir nach. Denn wer sein Leben
retten will, wird es verlieren; wer aber sein Leben um
meinetwillen verliert, wird es gewinnen. Was nützt es
einem Menschen, wenn er die ganze Welt gewinnt,
dabei aber sein Leben einbüßt? Um welchen Preis
kann ein Mensch sein Leben zurückkaufen?

Matthäus 16,21–26

Ein altes Märchen von Adelbert von Chamisso
erzählt davon, wie Peter Schlemihl seinen Schatten
an einen netten, freundlichen Herrn gegen ein Säck-
chen Gold verkauft... und dann von den Menschen
gemieden wird, weil er ihnen, als Mensch ohne Schat-

ten, unheimlich ist. Und der nette, freundliche Herr erweist sich als der Teufel höchstpersönlich.

Der »Schatten« steht für all das in uns, was zu uns gehört, aber was wir nicht annehmen, nicht akzeptieren, nicht wahrhaben wollen. Und immer noch »verkaufen« wir das nur zu gerne. Gold bekommen wir zwar dafür nicht mehr, aber vielleicht Ruhe, Glück, Bequemlichkeit – scheinbar. Auch heute noch sind die »Verführungsteufel« eifrig am Werk – und da reicht schon ein Blick auf die Betreffzeilen der zahllosen Spam-Mails, die auf dem Computer landen.

Unser Schatten aber gehört zu uns – und wenn wir ihn verkaufen, hergeben, loswerden wollen, geben wir damit ein Stück von uns selbst weg.

Der Weg ist ein anderer: mir meines Schattens bewusst werden, ihn integrieren, ihn in mein Leben hereinholen. Mich annehmen mit all dem, was ich bin, wie ich bin … denn nur dann kann ich daran etwas ändern. Und nur dann werde ich leben, wirklich leben!

Zum »Schatten« kann man auch »Kreuz« sagen … und wenn ich »mein Kreuz trage«, dann ist das die Einladung zum Leben – und eben keine Aufforderung zum Leiden um des Leidens willen.

Unsere dunklen Seiten dürfen leben – damit das Licht Gottes sie erhellen kann.

In jener Zeit sprach Jesus zu den Hohenpriestern und
den Ältesten des Volkes: Was meint ihr? Ein Mann
hatte zwei Söhne. Er ging zum ersten und sagte: Mein
Sohn, geh und arbeite heute im Weinberg! Er antwortete: Ja, Herr!, ging aber nicht. Da wandte er sich an
den zweiten Sohn und sagte zu ihm dasselbe. Dieser
antwortete: Ich will nicht. Später aber reute es ihn,
und er ging doch. Wer von den beiden hat den Willen
seines Vaters erfüllt? Sie antworteten: Der zweite. Da
sagte Jesus zu ihnen: Amen, das sage ich euch: Zöllner und Dirnen gelangen eher in das Reich Gottes als
ihr. Denn Johannes ist gekommen, um euch den Weg
der Gerechtigkeit zu zeigen, und ihr habt ihm nicht
geglaubt; aber die Zöllner und die Dirnen haben ihm
geglaubt. Ihr habt es gesehen, und doch habt ihr nicht
bereut und ihm nicht geglaubt.
Matthäus 21,28–32

Das kenne ich gut: Da stellt mir einer eine Frage –
und ich sage spontan »nein«! Es passt nicht in meine
Pläne, in meine Vorstellungen hinein ... und überhaupt ...

Aber die Frage bleibt, ist da, geht nicht mehr weg.
Und aus einem »nein« wird langsam ein »na ja, nachdenken kann man ja mal« und schließlich ein »warum
eigentlich nicht?« ... und aus dem »nein« wird dann

doch ein »ja«. Fast kommt es mir so vor, als ob diese Frage, diese Idee, den Weg vom Kopf in den »Bauch« und ins Herz nehmen muss, wachsen muss, bevor sie gelebt und getan werden kann. Wer vorschnell in der ersten Begeisterung »ja« sagt, dessen Antwort wird wohl nur ein Gedanke bleiben ... und nie Wirklichkeit werden.

Von der Reaktion des Vaters im Gleichnis auf die Antworten der beiden Söhne wird übrigens nichts berichtet – mag sein, er kann warten. Aber für die Zuhörer damals war klar, es geht nicht darum, vorschnelle Antworten zu geben, um den Vater damit zufriedenzustellen, sondern meine Antwort braucht auch die Auseinandersetzung, braucht das Reifen. Sie muss sich regelrecht »durch mein System« durcharbeiten, vom Kopf in den Bauch und ins Herz – und dann umgesetzt werden.

Und manchmal mögen sich »Kopf-Menschen« genau damit ein wenig schwertun.

In jener Zeit sprach Jesus zu Nikodemus: Niemand ist in den Himmel hinaufgestiegen außer dem, der vom Himmel herabgestiegen ist: der Menschensohn. Und wie Mose die Schlange in der Wüste erhöht hat, so muss der Menschensohn erhöht werden, damit jeder, der an ihn glaubt, in ihm das ewige Leben hat. Denn Gott hat die Welt so sehr geliebt, dass er seinen einzigen Sohn hingab, damit jeder, der an ihn glaubt, nicht zugrunde geht, sondern das ewige Leben hat. Denn Gott hat seinen Sohn nicht in die Welt gesandt, damit er die Welt richtet, sondern damit die Welt durch ihn gerettet wird.

Johannes 3,13–17

Vor einiger Zeit leitete ich ein Seminar zu dem Thema »Wie treffe ich Entscheidungen?« – und dabei kamen wir auch auf die verschiedenen Ebenen in uns zu sprechen, die Entscheidungen beeinflussen. Da ist zum einen natürlich der »Kopf«, mit dem wir Vor- und Nachteile abwägen, Dinge logisch durchdenken. Vom »Bauch« kommt eher das Spontane, Intuitive, das, was wir oft gar nicht erklären können. Und dann spielt natürlich das »Herz« noch eine Rolle, das Gefühl, das Empfinden. Gute Entscheidungen gehen durch alle drei Ebenen hindurch, um dann getan zu werden.

Am nächsten Morgen wurde im Kloster Eucharistie gefeiert – und als ich zu Beginn das Kreuzzeichen über mich machte, hielt ich plötzlich verdutzt inne: Mit meiner rechten Hand berühre ich die Stirn, den Kopf, gehe dann zum Bauch und in Richtung Herzen. Und ende schließlich auf der rechten Schulter, dem Arm, der Hand, mit der ich etwas »tue«. Mit dem Kreuzzeichen rufe ich mir »leibhaftig« die verschiedenen Ebenen von Entscheidungen in Erinnerung, die dann getan sein wollen: Kopf, Bauch, Herz – und Hand.

Und gleichzeitig will das Kreuzzeichen, das ich über mir mache, eine Entscheidung von mir: Glaube ich diesem Gott und bin ich bereit, diesen Glauben in die Welt hinauszutragen? Lebe ich »im Namen des Vaters und des Sohnes und des Heiligen Geistes«? Mit Kopf, Bauch, Herz und Hand?

Und nur, wenn ich dazu bereit bin, dürfte ich eigentlich anschließend »Amen« sagen.

NA JA, ENTSCHEIDEN MÜSSEN SIE SICH SCHON

In jener Zeit sprach Jesus zu seinen Jüngern: Darum sage ich euch: Wenn eure Gerechtigkeit nicht weit größer ist als die der Schriftgelehrten und Pharisäer, werdet ihr nicht in das Himmelreich kommen. Ihr habt gehört, dass zu den Alten gesagt worden ist: Du sollst keinen Meineid schwören, und: Du sollst halten, was du dem Herrn geschworen hast. Ich aber sage euch: Schwört überhaupt nicht. Euer Ja sei ein Ja, euer Nein ein Nein; alles andere stammt vom Bösen.
Aus Matthäus 5

Auch Christen wird das Leben und die Lebendigkeit nicht so einfach hinterhergetragen. Da-sitzen, Däumchen drehen und darauf warten, dass das Leben mal vorbeikommt ... das dürfte nicht allzu viel Erfolg haben.

Zu leben, lebendig zu sein – das ist in allererster Linie meine Entscheidung. Und die kann ich an niemand anderen delegieren.

Was ist mir in meinem Leben wirklich wichtig? Ist es Karriere machen, Geld haben, wichtig sein? Ich gehe dahin, mache das, wo ich mehr rausholen kann?

Oder ist mir die Freude am Leben wichtig – Liebe, Freundschaft, Menschen, Natur? Genießen können, Zeit haben? Engagement zeigen, Hingabe schenken, Höhen und Tiefen erleben, nicht in künstliche Scheinwelten fliehen ...

Wie hätten Sie Ihr Leben gerne? Und vergessen Sie bitte nicht: Sie haben nur das eine! Ungünstige Startbedingungen? Ja... aber man kann auch der Vergangenheit alle Schuld geben, sodass man darüber vollkommen vergisst, die Zukunft selbst in die Hand zu nehmen.

Und dann kommt die zweite Entscheidung: Was sind Sie denn bereit dafür zu tun, dass Ihr Leben so wird, wie es für Sie sein soll?

Dafür muss man zu manchem Ja sagen und zu anderem Nein, man muss sich sozusagen »positionieren«. Und das Ja zu dem einen schließt das Nein zu etwas anderem ein – und umgekehrt.

Beides braucht es, um auf dem eigenen Weg voranzukommen, wie auch immer er aussehen mag. »Jein« und »vielleicht« und »dann, wenn...« verhindern das Leben.

Gott lädt ein zum Leben. Um Antwort wird gebeten – Ja oder Nein, es ist deine Entscheidung. Gott zwingt nicht.

Aber er nimmt dir die Entscheidung auch nicht ab.

Über die Grenzen hinaus

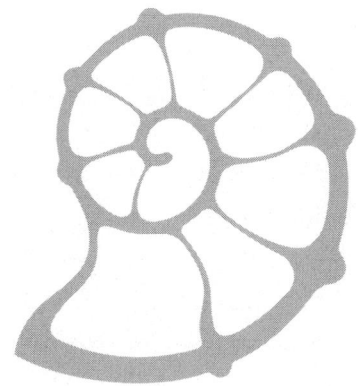

In Jerusalem lebte damals ein Mann namens Simeon.
Er war gerecht und fromm und wartete auf die Rettung Israels, und der Heilige Geist ruhte auf ihm. Vom
Heiligen Geist war ihm offenbart worden, er werde
den Tod nicht schauen, ehe er den Messias des Herrn
gesehen habe. Jetzt wurde er vom Geist in den Tempel
geführt; und als die Eltern Jesus hereinbrachten, um
zu erfüllen, was nach dem Gesetz üblich war, nahm
Simeon das Kind in seine Arme und pries Gott mit den
Worten:
Nun lässt du, Herr, deinen Knecht,
wie du gesagt hast, in Frieden scheiden.
Denn meine Augen haben das Heil gesehen,
das du vor allen Völkern bereitet hast,
ein Licht, das die Heiden erleuchtet,
und Herrlichkeit für dein Volk Israel.
Lukas 2,25–32

Manche Menschen tun sich schwer mit dem Sterben.
Fast hat man den Eindruck, als ob noch irgendetwas
Unerledigtes da ist, als ob sie vom Leben noch etwas
wollen oder brauchen oder noch etwas loswerden
müssten – und solange das nicht möglich ist, können
sie auch nicht gehen. Was das ist oder sein kann, das
lässt sich gelegentlich nur schwer herausfinden – und
mag sein, dass die Betreffenden selbst es manchmal

gar nicht so genau sagen können. Den einen bedrückt vielleicht die Sorge um die zurückbleibende Ehefrau, eine andere mag sich mit einer Schuld herumschlagen, die es noch auszusprechen gilt, wieder einer mag einfach Angst haben vor dem, was kommt. Nur wenigen ist es wohl vergönnt, schon zu Lebzeiten das Heil zu sehen und zu erkennen, das Gott für sie bereithält. Für die meisten von uns wird das Leben unvollendet bleiben, wird manches ungetan bleiben, werden Träume nicht mehr in Erfüllung gehen.

Dann mag es auf die innere Haltung ankommen. Kann ich darauf vertrauen, dass Gott vollenden wird, was ich nicht mehr tun konnte? Kann ich darauf hoffen, dass Gott mich und mein Leben in Liebe anschauen wird? Glaube ich daran, dass ein Schritt auf Gott hin kein Schritt ins Leere sein wird? Das aber gilt es, schon im Leben zu lernen und einzuüben.

Vielleicht hilft aber auch schon eine Einstellung, wie sie ein alter Priester in seinem letzten Satz auf seinem Sterbebett zum Ausdruck brachte: »Jetzt bin ich nur noch neugierig!«

In jener Zeit sprach Jesus zu seinen Aposteln: Fürchtet euch nicht vor den Menschen! Denn nichts ist verhüllt, was nicht enthüllt wird, und nichts ist verborgen, was nicht bekannt wird. Was ich euch im Dunkeln sage, davon redet am hellen Tag, und was man euch ins Ohr flüstert, das verkündet von den Dächern.

Fürchtet euch nicht vor denen, die den Leib töten, die Seele aber nicht töten können, sondern fürchtet euch vor dem, der Seele und Leib ins Verderben der Hölle stürzen kann. Verkauft man nicht zwei Spatzen für ein paar Pfennig? Und doch fällt keiner von ihnen zur Erde ohne den Willen eures Vaters. Bei euch aber sind sogar die Haare auf dem Kopf alle gezählt. Fürchtet euch also nicht! Ihr seid mehr wert als viele Spatzen.

Matthäus 10,26–31

Als mir vor einigen Tagen diese Frage gestellt wurde, musste ich einen Moment nachdenken. Schließlich tragen Christen keinen Heiligenschein, fahren nicht unbedingt besser Auto und werden auch krank. Gibt es also etwas, woran man eventuell einen Christen erkennen könnte?

Vielleicht könnte es eine gewisse Gelassenheit sein? Weil ich mich in Gott geborgen und aufgehoben fühle, kann ich mit den kleinen und großen Widrigkeiten des Lebens anders umgehen. Weil ich auf Gott hoffen kann, geht mir meine Hoffnung nicht aus. Ich stelle mich in ein größeres Ganzes hinein und kann daran glauben, dass es mehr als meine kleine Welt und meine Sichtweise gibt. Ich kann darauf vertrauen, dass mir jemand gut will, auch wenn ich es manchmal noch nicht so sehen kann. Und auch wenn meine ganze Welt in Scherben fällt, wenn alles durchkreuzt wird, habe ich immer noch jemanden, dem ich meine ganze Wut und all meine Angst entgegenschreien kann, dem ich all meine Fragen vor die Füße werfen kann – und ich weiß, der hält das aus.

Untersuchungen belegen es: Menschen, die an Gott glauben, leben länger. Weil sie einen haben, der mitgeht und ihre Lasten mitträgt. Weil sie manchmal ein bisschen weniger Angst vor dem Leben – und vielleicht auch vor dem Sterben – haben.

Weil wir einen haben, der uns liebt. Und dann gilt der Satz von Teresa von Ávila: »Gott und ich sind immer in der Mehrheit!« – wenn das kein Grund zur Gelassenheit ist ...

DER MUTET MIR WAS ZU!

In jener Zeit sagten viele der Jünger Jesu, die ihm zuhörten: Was er sagt, ist unerträglich. Wer kann das anhören? Jesus erkannte, dass seine Jünger darüber murrten, und fragte sie: Daran nehmt ihr Anstoß? Was werdet ihr sagen, wenn ihr den Menschensohn hinaufsteigen seht, dorthin, wo er vorher war? Der Geist ist es, der lebendig macht; das Fleisch nützt nichts. Die Worte, die ich zu euch gesprochen habe, sind Geist und sind Leben. Aber es gibt unter euch einige, die nicht glauben. Jesus wusste nämlich von Anfang an, welche es waren, die nicht glaubten, und wer ihn verraten würde. Und er sagte: Deshalb habe ich zu euch gesagt: Niemand kann zu mir kommen, wenn es ihm nicht vom Vater gegeben ist. Daraufhin zogen sich viele Jünger zurück und wanderten nicht mehr mit ihm umher. Da fragte Jesus die Zwölf: Wollt auch ihr weggehen? Simon Petrus antwortete ihm: Herr, zu wem sollen wir gehen? Du hast Worte des ewigen Lebens. Wir sind zum Glauben gekommen und haben erkannt: Du bist der Heilige Gottes.
Johannes 6,60–69

Eine junge Frau geht im Wald spazieren. Da rennt plötzlich ein großer Hund auf sie zu, umspringt sie, bellt sie an. Und in weiter Ferne der Besitzer des Hundes, leicht rennend, mit den Armen fuchtelnd, rufend:

»Der ist lieb! Der tut nichts!« – und dann denkt die junge Frau darüber nach, ob wir Gott deshalb so oft als »lieb« bezeichnen, damit er uns »nichts tut«.

Mich hat diese kleine Geschichte, die ich irgendwo in einer Zeitschrift las, nachdenklich gemacht. Denn Gott ist nicht »lieb«, das holt ihn nur in unsere menschlichen Denkkategorien hinein – und macht ihn zum netten »Kuschelgott«. Gott ist eigentlich eine Zumutung, eine Herausforderung. Da bleibt eine Unbegreiflichkeit, eine nicht aufzuhebende Distanz, etwas Fremdes. »Was er sagt, ist unerträglich«, keine neue Erfahrung, sondern Jahrtausende alt.

Und da hilft es auch nichts, wenn wir aus einem »allmächtigen« einen »barmherzigen« Gott machen, wenn wir den »lieben Advent« ansagen oder singen »deine Liebe ist wie Gras und Ufer«. Gott entzieht sich all diesen Kategorien. Er ist nicht »lieb« – sondern eine Zumutung. Das haben damals schon viele Jünger nicht ausgehalten und haben ihn deswegen verlassen. Die Lösung kann nicht heißen, nicht anzuecken, das Herbe an Gott wegzunehmen, damit möglichst viele bleiben. Gott ist und bleibt eine Zumutung.

Aber Zumutungen haben schließlich auch was mit »zutrauen« zu tun. Wer sich mir zumutet, traut mir was zu. Und ganz ehrlich gesagt: Ich finde dieses herbe Bild von Gott sehr viel faszinierender als die »weichgespülte Fassung«, die mir und meinen Wünschen nett entgegenkommt. Gott ist anders.

In jener Zeit sprach Jesus zu seinen Jüngern: Wenn ihr mich liebt, werdet ihr meine Gebote halten. Und ich werde den Vater bitten, und er wird euch einen anderen Beistand geben, der für immer bei euch bleiben soll. Es ist der Geist der Wahrheit, den die Welt nicht empfangen kann, weil sie ihn nicht sieht und nicht kennt. Ihr aber kennt ihn, weil er bei euch bleibt und in euch sein wird. Ich werde euch nicht als Waisen zurücklassen, sondern ich komme wieder zu euch. Nur noch kurze Zeit, und die Welt sieht mich nicht mehr; ihr aber seht mich, weil ich lebe und weil auch ihr leben werdet. An jenem Tag werdet ihr erkennen: Ich bin in meinem Vater, ihr seid in mir und ich bin in euch. Wer meine Gebote hat und sie hält, der ist es, der mich liebt; wer mich aber liebt, wird von meinem Vater geliebt werden und auch ich werde ihn lieben und mich ihm offenbaren.

Johannes 14,15–21

»Wenn du mich liebst ...« Zugegeben, wenn ein Satz so oder so ähnlich anfängt, dann gehe ich schon mal in »Hab-acht-Stellung« – denn dann kommen in aller Regel Erwartungen, Ermahnungen, deutliche Hinweise, was ich zu tun und zu lassen habe: »... dann würdest du auch auf mich Rücksicht nehmen, dann würdest du sehen, wie ich leide, dann würdest du dich mehr um mich kümmern...« Eigentlich ist das erpresserisch. Der andere koppelt seine Erwartungen, wie ich aus seiner Sicht zu sein und zu handeln habe, an die Frage, ob ich ihn liebe. Denn wenn ich ihn lieben würde, dann wäre ich ja so und so. Eine solche Liebe aber engt ein – und verdient den Namen »Liebe« eigentlich nicht.

Wenn ich einen anderen liebe, dann geht es nicht darum, seinen Erwartungen zu entsprechen, ihm zuliebe irgendetwas zu tun, nur um zu gefallen. Liebe knüpft sich nicht an Bedingungen. Und jemanden zu »benutzen«, um die eigenen Bedürfnisse zu stillen, ist ein Missbrauch der Liebe.

Wenn ich wirklich liebe, dann versuche ich, den anderen zu erspüren, zu erahnen. Dann will ich den anderen nicht verletzen, sondern ihm leben helfen. Wahre Liebe macht immer frei. Und deshalb kann Augustinus, der alte »Kirchenvater«, auch sagen: »Liebe – und dann tu, was du willst!«

Wenn ich wirklich liebe, dann will ich gar nicht mehr alles tun. Dann gebe ich, weil ich geben will – und nicht, weil es von mir gefordert oder erwartet wird.

Liebe macht frei.

Und das gilt auch auf Gott hin.

Als Jesus ankam, fand er Lazarus schon vier Tage im Grab liegen ... Er sagte: Wo habt ihr ihn bestattet? Sie antworteten ihm: Herr, komm und sieh! Da weinte Jesus. Die Juden sagten: Seht, wie lieb er ihn hatte! ... Jesus sagte: Nehmt den Stein weg! Marta, die Schwester des Verstorbenen, entgegnete ihm: Herr, er riecht aber schon, denn es ist bereits der vierte Tag. Jesus sagte zu ihr: Habe ich dir nicht gesagt: Wenn du glaubst, wirst du die Herrlichkeit Gottes sehen? Da nahmen sie den Stein weg. Jesus aber erhob seine Augen und sprach: Vater, ich danke dir, dass du mich erhört hast. Ich wusste, dass du mich immer erhörst; aber wegen der Menge, die um mich herum steht, habe ich es gesagt; denn sie sollen glauben, dass du mich gesandt hast. Nachdem er dies gesagt hatte, rief er mit lauter Stimme: Lazarus, komm heraus! Da kam der Verstorbene heraus; seine Füße und Hände waren mit Binden umwickelt, und sein Gesicht war mit einem Schweißtuch verhüllt. Jesus sagte zu ihnen: Löst ihm die Binden, und lasst ihn weggehen!
Aus Johannes 11

Ehrlich gesagt ... mit den Wundererzählungen über Jesus ist das ja schon so eine Sache. Und ich bin mir auch nicht so ganz sicher, wie ich reagieren würde, wenn mir jemand, den ich schon vier Tage betrauert habe, auf einmal aus seinem Grab entgegenkommt, Füße und Hände mit Binden umwickelt, das Gesicht mit einem Tuch verhüllt. Ob da nicht doch eher Erschrecken angesagt ist als reine Freude?

Aber wie so oft führt uns die Frage, was faktisch genau passiert ist, nicht weiter. Viel spannender könnte dagegen die Überlegung sein: Was will der Schreiber des Evangeliums damit bei uns erreichen?

Wir Menschen erleben den Tod als Grenze. Da endet etwas, da hört etwas auf. Und wir stehen machtlos und ohnmächtig davor. Aber hinter einer Grenze hört es ja nicht auf. Eine Grenze ist nur ein Übergang zu einem anderen Land, mit einer anderen Sprache, vielleicht einer anderen Währung. Dieses Fremde, dieses Andere macht uns Angst, weil wir es nicht kennen, zu wenig davon wissen.

Gott ist der Herrscher über das Land vor und hinter der Grenze. Der Tod ist, genau wie Zeugung und Geburt, eine menschliche Grenze – keine göttliche. Gott kann und wird diese Grenzen unseres irdischen Lebens nicht aufheben oder wegnehmen – aber er war und ist und wird sein. Gott sprengt alle Fesseln von Zeit und Raum. Und wer an ihn glaubt, für den weitet sich das Leben – über alle Grenzen hinaus! Und so gilt der Ruf Jesu auch mir und dir und Ihnen und uns: Komm heraus!

WIE WIRD ES DA SEIN?

An jenem Tag wird der Herr der Heere auf diesem
Berg – dem Zion – für alle Völker ein Festmahl geben
mit den feinsten Speisen, ein Gelage mit erlesenen
Weinen, mit den besten und feinsten Speisen, mit
besten, erlesenen Weinen. Er zerreißt auf diesem Berg
die Hülle, die alle Nationen verhüllt, und die Decke,
die alle Völker bedeckt. Er beseitigt den Tod für immer.
Gott, der Herr, wischt die Tränen ab von jedem Gesicht. Auf der ganzen Erde nimmt er von seinem Volk
die Schande hinweg. Ja, der Herr hat gesprochen. An
jenem Tag wird man sagen: Seht, das ist unser Gott,
auf ihn haben wir unsere Hoffnung gesetzt, er wird
uns retten. Das ist der Herr, auf ihn setzen wir unsere
Hoffnung. Wir wollen jubeln und uns freuen über seine
rettende Tat. Ja, die Hand des Herrn ruht auf diesem
Berg.
Jesaja 25,6–10a

Einige Wochen vor ihrem Tod fragte mich meine
Mutter etwas bang: »Sag mal, glaubst du wirklich,
dass es nach dem Sterben irgendwie weitergeht?« –
»Ja«, sagte ich, »ich glaube daran!« Sie überlegte einen
Moment und setzte nach: »Und – wie wird es da
sein?« – aber da konnte ich ihr leider auch nicht viel
Konkretes sagen: »Ich glaube, es wird schön sein!«

Es kann nur schön sein – weil Gott »schön« ist. Johannes vom Kreuz, Mystiker, Heiliger und Kirchenlehrer, der im 16. Jahrhundert in Spanien lebte, schrieb: »Gott ist durch seine Schöpfung hindurchgegangen – und seine Schönheit ist an ihr hängengeblieben.« In der Schönheit der Schöpfung können wir etwas von Gottes Schönheit erkennen – und wenn wir bei ihm sind, dann wird seine Schönheit uns umfangen.

Schön wird es sein.

Ja, mag sein, es wird wie ein Festmahl sein, mit erlesenen Speisen, guten Weinen. Mag sein, es ist wie ein Sonnenaufgang am Meer oder wie die Umarmung zweier Menschen, die sich lieben. Vielleicht ist es wie das helle Lachen eines Kindes oder der Flug der Wildgänse mit ihrem heiseren Schrei. Möglicherweise ist es all das zusammen – oder noch etwas ganz anderes. Wir können es nur vermuten. Aber wenn wir bei Gott sind, kann es nur schön sein.

Nicht gefasst war ich allerdings auf die nächste Frage meiner Mutter: »Und was mach ich, wenn es mir da nicht gefällt?«

Da hatte sogar ich keine Antwort mehr.

Sie weiß es inzwischen.

Bibelstellenregister

Biblische Texte im Kirchenjahr

Feste

Wie diese Texte entstanden

Seit über fünf Jahren schreibt Andrea Schwarz alle vier Wochen eine Kurzbetrachtung zu einer Lesung des jeweiligen Sonntags für den Stammteil der Kirchenzeitungen der Verlagsgruppe Bistumspresse. Diese Beiträge erscheinen in dem gemeinsamen Teil der Kirchenzeitungen der (Erz-)Diözesen Hamburg, Hildesheim, Osnabrück, Berlin, Magdeburg, Dresden-Meißen, Görlitz, Erfurt, Aachen, Fulda, Mainz und Limburg. Für dieses Buch wurden die Beiträge geringfügig überarbeitet und unter inhaltlichen Gesichtspunkten von Dr. Ulrich Sander vom Katholischen Bibelwerk zusammengestellt.

Probeexemplare der entsprechenden Kirchenzeitungen können über *www.bistumspresse.de* angefordert werden.

Zur Person der Autorin

Andrea Schwarz gehört zu den meistgelesenen christlichen Autoren unserer Zeit. Die ausgebildete Industriekauffrau und Sozialpädagogin lebt heute in Steinbild im Emsland und ist pastorale Mitarbeiterin des Bistums Osnabrück. Als Referentin und Bibliolog-Trainerin wird sie im ganzen deutschsprachigen Raum angefragt. Im Verlag Katholisches Bibelwerk erschien zuletzt von ihr »Hier. Bei dir. Menschenwege ins Leben. Mit Bildern von Panka Chirer-Geyer« (2014).

Eine Bibelstelle, die Ihnen Kopfzerbrechen bereitet?
Im Moment die von der Brotvermehrung – wo kamen eigentlich die Körbe her, in denen das übrig gebliebene Brot gesammelt wurde?

Das Einzigartige am Christentum ist ...
... dass es nach zweitausend Jahren immer noch so lebendig ist – aber »Totgesagte« leben bekanntlich länger.

Für einen Tag würden Sie gerne wer sein?
Wenn ich für einen Tag jemand anders wäre, wäre ich einen Tag weniger Andrea Schwarz, also lieber nicht.

Ihre erste Liebe?
Na ja, nach herkömmlichen Vorstellungen: René hieß er (glaube ich), wir waren damals sieben – aber eigentlich war es mein Vater.

Was können Sie nicht ausstehen?
Wenn mir jemand »Honig ums Maul schmieren will«, um etwas für sich zu erreichen.

Was gefällt Ihnen an sich besonders?
Dass ich nicht fertig bin mit Gott und der Welt!

Was mögen Sie an sich gar nicht?
Dass ich nicht verhindern kann, dass mein Computer manchmal mit mir macht, was er will!

Auf welche Leistung sind Sie besonders stolz?
Dass es in meinem Leben nie langweilig geworden ist, sondern ich es mit schöner Regelmäßigkeit schaffe, alle zehn Jahre meinem Leben noch einmal eine entscheidende Wende zu geben.

Aus dem Fragebogen »Sagen Sie uns mit einem Satz«, erschienen in den Zeitungen der Verlagsgruppe Bistumspresse Nr. 31 vom 2. August 2009.